DEDICACIÓN

A Margaret, durante más de 40 años nos asociamos en la vida. De muchas maneras has sido mi entrenador. Te admiraba por tu compromiso con la Palabra de Dios como base para todo lo que hacemos. Aprecié la forma en que usted invirtió en nuestros hijos y el hogar que usted creó para todos nosotros. Con tus fuerzas y ayuda, Dios nos permitió tocar las vidas de maneras que nunca imaginé. De muchas maneras, este libro es el resultado de su inversión en mi vida. **Gracias.**

Tabla of Contenidos

INTRODUCCIÓN

Escribiendo sobre la vida cristiana, el apóstol Pablo usa la metáfora de correr en una carrera. Los atletas de todo el mundo aprecian el valor de un coach personal. Lo mismo se aplica a cada uno de nosotros en el juego de la vida, con sus retos y demandas intransigentes.

Como cristianos nuestra vida se centra en nuestra relación con Jesucristo y su Espíritu dentro de nosotros. Dios el Padre nos ha dado a cada uno de nosotros fortalezas para equiparnos para ganar y cumplir con nuestro propósito y llamamientos de vida. Si vamos a sobresalir y ser lo mejor que podemos ser, no podemos escapar a la necesidad de capacitarnos y entrenarnos en los aspectos críticos de nuestra vida.

El Dr. Albert Winseman, pastor, autor y Coach Ejecutivo de Alto Nivel en la organización Gallup, dice: "*Todo el mundo necesita un coach y cada uno puede entrenar.*" El coach y autor Tony Stoltzfus, ofrece un curso titulado Coaching de Colegas. Él dice que el coaching es "*una estructura de relaciones en la que dos o tres amigos se reúnen regularmente con el propósito claro de ayudarse unos a otros a crecer.*" La Biblia nos dice que El hierro se afila con el hierro, y el hombre en el trato con el hombre." Proverbios 27:17. Este es el Coaching Centrado en Cristo. Más adelante vamos a señalar que el coaching está en el corazón de hacer discípulos.

Mientras escribíamos este folleto, estamos muy agradecidos a las muchas personas que invirtieron en nosotros como coachs a través de muchos desafíos y en las distintas etapas de la vida. Sin su inversión no se hubieran escrito estas páginas.

Este folleto está escrito para alentar y fomentar relaciones de coaching en la iglesia y la comunidad. Nuestro objetivo es que sirva como catalizador en tres configuraciones diferentes para:

- Servir como estímulo para utilizar su fortalezas dadas por Dios como coach
- Servir como una herramienta de introducción que los coachs puedan proporcionar a las personas que buscan su ayuda
- Ayudar a cada uno de nosotros a priorizar nuestra necesidad de coachs mientras navegamos a lo largo de los desafíos de la vida y cumplimos con nuestros llamamientos de vida

La vida toda gira alrededor del cambio. Tenemos que cambiar a medida que crecemos. Necesitamos adaptarnos a la forma en que cambia el mundo a nuestro alrededor. Cómo respondemos a nuestro mundo cambiante es fundamental para nuestro bienestar. Como un buen padre Dios desea un cambio saludable para sus hijos. Dios se deleita viendo crecer a Sus hijos a medida que responden a su mundo cambiante..

Pero el cambio a menudo no es fácil. Deténgase y piense. Piense en retrospectiva las veces que escuchó un buen mensaje o leyó sobre un buen cambio que usted quiere aplicar en su vida. ¿Con qué frecuencia se les da seguimiento e hizo dicho cambio? No se preocupe. No está solo. Para cambiar a menudo necesitamos ayuda.

El curso de Coaching en la Vida Profesional ofrecido por la Universidad Light indica que la probabilidad de que alguien que actúe sobre una buena idea después de oírla o leerla es inferior al 10%. Ese porcentaje cambia a:

- **25%** si la persona **se compromete** a aplicar el cambio deseado
- **40%** si la persona se compromete **a cuando** se va a hacer el cambio necesario.
- **50%** si la persona **desarrolla un plan** para actuar hacia el cambio deseado
- **65%** si la persona **comparte su plan** con otra persona. Esto ilustra el valor de los ministerios de grupos pequeños en la iglesia.
- **95%** si la persona tiene citas predefinidas en curso con otra persona para examinar los progresos en curso y el seguimiento del plan. Esto ilustra el valor de uno en un coaching.

Cuando nos enfrentamos a desafíos de la vida o deseamos aprovechar las grandes oportunidades, la mayoría de nosotros necesita ayuda, estímulo, y / o responsabilidad para ayudarnos a lograr el cambio deseado. En el Coaching Centrado en Cristo los coachs participan con Dios en ayudar a otros a pasar de la **idea** al cambio **deseado** a la **disposición** para cambiar y luego a la **capacidad** de cambiar.

- **Idea de cambiar**: Nada sucede sin una idea, una visión o un sueño que se relaciona a una necesidad u oportunidad de hacer algo bueno.

- **Deseo de cambiar**: El deseo de cambiar sucede cuando nos imaginamos los beneficios del cambio o las consecuencias negativas de continuar nuestra vida sin cambios.

- **Disposición a cambiar**: El cambio tiene un precio. La voluntad de cambio ocurre cuando estamos dispuestos a pagar el precio del cambio. El precio del cambio está directamente relacionado con los beneficios esperados o la reducción de costos asociados con el cambio.

- • **Capacidad para cambiar**: La posibilidad de cambiar va más allá de la voluntad y el precio al cambio. A menudo, esta se relaciona con factores culturales o elementos más allá de los controles personales.

Para ilustrar la diferencia entre la idea, el deseo, la voluntad y la capacidad de cambiar, permítame que le hable de Pastor Sam. Pastor Sam se puso en contacto conmigo porque tenía una idea. Oyó que yo ayudaba a la gente con el problema de la sobrecarga de correo electrónico. Durante nuestra conversión inicial Sam me dijo que pasa mucho tiempo en el correo electrónico y considera que es una pérdida de tiempo. Nuestra conversación puso al descubierto la causa real de su vida sobrecargada. Bajo su dirección, la iglesia ha experimentado un crecimiento del 400%. Ahora trabaja más de 75 horas a la semana y rara vez se toma un día libre. Aunque la iglesia ha añadido dos pastores más, su rol pastoral no ha cambiado mucho.

Durante nuestra conversación, Sam pudo ver que su problema era **"la sobrecarga de roles"** mucho más que la sobrecarga de correo electrónico. A través de nuestra conversación Sam comenzó a ver que necesitaba hacer cambios en sus funciones y en la vida laboral, pero no estaba totalmente convencido de la idea. Al poner fin a nuestra reunión, acordamos volver a reunirnos en pocas semanas. Lo dejé con dos preguntas a analizar.

1. Si la resolución de su problema de sobrecarga le permitía ahorrar 10 horas a la semana, ¿qué haría en ese tiempo?

2. ¿Qué pasará si no cambia su carga de trabajo actual?

Durante nuestra reunión de seguimiento Sam me dijo que aparte de trabajar, le era muy difícil imaginar que haría con cualquier tiempo libre. Desde hace más de 20 años en la misma iglesia, su vida estaba totalmente centrada en torno a su trabajo. Amaba su trabajo y no deseaba ningún cambio.

En respuesta a la segunda pregunta, dijo, "Pensar en lo que sucedería si no cambio me asustó." Mientras hablábamos Sam me dijo que su perfil médico le ha puesto en un muy alto riesgo de tener un ataque al corazón. Su médico y su esposa se lo han advertido en repetidas ocasiones. Su hermano menor murió dejando tras de sí tres hijos sin padre. Mientras reflexionaba sobre esto, Sam comenzó a moverse de la **idea** de cambiar al **deseo** de cambiar y a la **disposición** a cambiar.

Cuando hablamos sobre el cambio necesario, dijo, "El cambio va a ser difícil, pero estoy dispuesto a hacerlo." Acordamos que yo iba a ayudar a Sam en un proyecto de coaching de tres meses para reducir su vida de trabajo a no más de 60 horas a la semana. Esto requeriría un cambio en sus roles y responsabilidades en la iglesia.

Además, hablamos de las formas de ayudarle a imaginar que haría con el tiempo ahorrado. Para lo cual, con la ayuda de su esposa, reorganizamos su oficina y colocamos grandes fotografías enmarcadas de momentos de diversión con su familia. También hemos añadido una foto enmarcada de su difunto hermano con su familia.

Durante nuestras reuniones regulares Sam hizo un progreso significativo no sólo en la forma en que maneja el correo electrónico, pero más importante aún, como maneja la sobrecarga de reuniones, llamadas telefónicas, y un sinfín de interrupciones que le robaban un valioso tiempo. Aunque dura e incómoda, desarrolló la habilidad de decir "**no**" a las demandas y expectativas poco realistas. El Pastor Sam se movió del deseo de cambiar a voluntad de cambio.

Lamentablemente, el pastor Sam tuvo que hacer frente a la "capacidad para cambiar." En un principio, los líderes y la junta de la iglesia parecían ser comprensivos y solidarios con el cambio necesario. Por desgracia, con el tiempo miembros influyentes de la iglesia comenzaron a quejarse y Sam comenzó a perder el apoyo de los principales miembros de la junta. La cultura de la iglesia resultó ser un gran obstáculo para el cambio. Aunque Sam fue capaz de lograr una sincera disposición al cambio, la **capacidad para cambiar** fue mucho más difícil de conquistar.

COACHING CENTRADO EN CRISTO

A medida que lea las siguientes reflexiones tenga en cuenta que en el mejor de los casos **somos coachs imperfectos**. No estamos educados en el campo de la psicología o la consejería. No tenemos ningún nombramiento o certificación como coachs. Nuestros pensamientos están basados en los libros que han perdurado a lo largo de la vida, libros que hemos leído, lecciones que nos han enseñado nuestros clientes, y modelos de personas que han invertido en nuestras vidas y han sido nuestros coaches a través de diversas carreras, en la crianza de los hijos, y en más de 40 años de nuestra vida de casados

Seguramente usted estará preguntándose cómo empezamos como coachs. Cuando comenzamos nuestra consultoría práctica independiente en 1999 esperábamos que nos enfocáramos en el campo de la gestión del conocimiento y el cambio organizacional relacionado. Como una consultoría práctica pequeña nos centramos en los clientes donde podríamos ser más objetivos y donde podíamos llevarles el mayor valor. Tuvimos el privilegio de trabajar con clientes tan grandes como IBM así como con equipos y pastorales en

> **Los pensamientos y las herramientas en las siguientes páginas son un recurso introductorio simple para los que tratan de ayudar y entrenar a otros.**
>
> **Es importante que en oración pueda discernir cuando necesita una formación profesional adicional.**
>
> **Como coach, es su responsabilidad animar a aquellos a quienes ayuda a buscar un adecuado coaching profesional, asesoramiento o terapia, cuando sea necesario.**

iglesias grandes y pequeñas. A menudo nos centramos en personas con quienes trabajamos mucho más que con las organizaciones que nos abonan nuestros honorarios.

Con el tiempo algunos de nuestros clientes comenzaron a referirse a nosotros como coachs y mentores. A medida que nuestros clientes continuaron alabando nuestras habilidades como coachs y facilitadores, nos vimos obligados a aprender más acerca de lo que significa este título para nuestros clientes y la forma en que podríamos ofrecer ese tipo de servicios con confianza e integridad.

Con esta perspectiva buscamos en la web, leímos libros, y buscamos el consejo de amigos conocedores y clientes que se convirtieron en nuestros asesores. Los resultados son los pensamientos y las herramientas que encontrará en las páginas siguientes. Mientras que esta era una buena opción para nuestro estilo y las necesidades de nuestros clientes, puede que no sea una buena opción para los demás.

La Biblia dice: "*El hierro se afila con el hierro, por lo que el hombre aguza.*" Todos tenemos la oportunidad de ayudar a alguien necesitado de apoyo, estímulo y responsabilidad. **Este es el meollo del coaching**. Al compartir nuestros limitados pensamientos, herramientas y experiencia con ustedes, nuestra esperanza es que sea posible que se anime a entrenar a alguien.

¿Cuáles son las Características del Coaching?

Cada experiencia como coach es diferente porque cada coach trae sus talentos, fortalezas y estilo únicos y cada cliente aporta sus fortalezas y necesidades únicas. He aquí dos ejemplos.

Acerca de Kam

Yo, Baha, conocí a Kam[1] en su desempeño en los negocios. Él era el Vicepresidente de Ventas y Marketing de una empresa de informática. Nos pusimos en contacto cuando comparamos su negocio de computadoras con la forma en que se encontraba al comienzo de mi carrera de computación 30 años antes. Me dijo que nunca pensó que iba a estar en el negocio de computadoras. Mientras crecía, los deportes eran todo en su vida. Su constitución física y su espíritu competitivo le dieron un sencillo pase a una carrera muy exitosa pero corta como jugador de fútbol profesional. Por desgracia, una lesión grave, puso fin a sus deportes de competición y toda la riqueza y la fama que le traían. "Creo que me contrataron para vender computadoras por mi nombre, no por mis sesos," dijo.

Antes que nos separáramos tuve la sensación de que quería hablar un poco más.

Baha: ¿Le gustaría que nos reuniéramos en algún momento?

Kam: Sí, ¿Qué le parece un desayuno? Hay buen lugar cerca de mi oficina, donde voy a menudo ...

Con esto confirmamos una fecha para dos semanas más tarde.

Cuando llegué albar para desayunar, Kam ya estaba trabajando en su computadora. Tras el saludo normal y comentar sobre el clima, le pregunté.

Baha: *¿Cómo está usted Kam?*

Kam: *Estoy bien.*

Baha: *No suena convincente.*

Su tono de voz y su expresión facial me decían lo contrario.

¿Cómo está?

☐ Fisicamente   ☐ Financieramente

☐ Emocionalmente   ☐ Espiritualmente

Baha: Kam, déjeme hacer algo que hago con mis amigos.

Sin más, metí la mano en mi billetera y saqué mi "¿Cómo se evalúa" (Ver imagen de la tarjeta).

Baha: Esta tarjeta es lo que yo llamo mi "**Cómo se evalúa**". Aquí está el trato. Hay cuatro palabras en esta tarjeta: físicamente, emocionalmente, económicamente y espiritualmente. Tiene que darme un número honesto de cómo se siente en una escala de 1-5. Nosotros no tenemos que hablar de ello a menos que usted elija hacerlo.

Kam miró esta simple tarjeta durante unos 30 segundos y luego dijo:

Kam: "*Financieramente, no hay problema, cinco, tengo todo el dinero que pudiera necesitar. Físicamente, estoy muy cansado. Trabajo 60 - 70 horas a la semana. No duermo mucho, pero yo no necesito dormir mucho. Mi esposa y mis hijos están en los deportes. Cualquier tiempo libre que tengo estoy en algún evento deportivo o llevándolos sitios. Usted sabe cómo es.*"

Baha: Sí, lo entiendo. He estado allí.

Kam: Emocionalmente yo le daría 1 o menos. Espiritualmente, no me relaciono con eso en absoluto.

Mientras comíamos los huevos con tostadas y tomábamos el café hablamos durante más de una hora. Realmente no. Kam habló mientras que yo escuchaba. Habló de las demandas poco realistas del trabajo y el deterioro de las relaciones con su esposa. De vez en cuando yo lo interrumpía con preguntas capciosas simples que comenzaban con qué, por qué, cómo, cuándo ...

Baha: Kam antes de irnos, ¿le gustaría hacer algunos cambios para ayudarle a sentirse mejor emocionalmente?

Kam: Sí, seguro ...

Baha: ¿Le gustaría que nos comprometiéramos en una relación de coaching a corto plazo con el propósito de ayudarle a hacer los cambios que necesita hacer?

Kam: Sí, eso sería genial

Baha: Déjeme que le envíe algunos ejercicios de pensamiento para ayudarle a pensar en cosas y luego me va pegar una llamada a ver cómo podemos seguir.

Después de esta conversación le envié un correo electrónico a Kam con algunos ejercicios de pensamiento. (*Ver la Muestra de Herramientas y Ejercicios de Coaching*) Este fue el comienzo de una relación de coaching de tres meses impulsada por un propósito. Cada dos semanas nos reuníamos para nuestra conversación de coaching. Antes de cada reunión Kam me enviaba su Tablero de Progreso (Ver Muestra del Tablero de Progreso) que no proporcionaba la agenda de nuestra Relación de Coaching Dirigido al Cliente.

Ahora bien, ¿qué fue lo que hice para Kam? Esto puede ser mejor respondido a través de la nota de agradecimiento que me envió. Decía:

*"... usted ha logrado **que comprenda realmente donde mis desafíos mienten, y, como tal, me han empujado a hacerme responsable de los cambios necesarios** que yo no habría sido capaz de ver por mi cuenta. ... Usted ayudó a darme cuenta de mi potencial, tanto personal como profesional, algo que yo no fui capaz de hacer hasta ahora.".*

La verdad es que Kam fue un cliente con el cual era fácil trabajar. Había experimentado las ventajas, disciplinas, apoyo y la responsabilidad que le había traído su carrera deportiva. Al hacerle preguntas ayudé Kam a ver que tenía las fortalezas y la capacidad de hacer los cambios que deseara. Dicho esto, el mismo proceso, ligeramente modificado, podría ser la experiencia de muchos coachs en muchas partes del mundo.

¿Por Qué Es Necesario El Coaching?

En los últimos años el "coaching" se ha convertido en un término muy popular. En la Vida de América del Norte el Coacining y el Coaching Ejecutivo pueden ser el segmento de más rápido crecimiento en el campo de los servicios profesionales. Usted se preguntará por qué. A partir de nuestra experiencia le pensamos que hay muchas razones, tales como la reestructuración de la vida familiar y el cambio en las relaciones empleado / empleador. Permítame que le explique.

En generaciones anteriores, una familia extensa desempeñaba roles como coach y mentor de vital importancia. Las personas más jóvenes se apoyaban en los miembros mayores de la familia para para lograr mayor conocimiento, apoyo y responsabilidad. Con la migración y la desintegración de lazos familiares extendidos el acceso a esta función vital ha disminuido. Al mismo tiempo, la vida ha aumentado en complejidad colocando cargas más pesadas sobre jóvenes y viejos.

Por el lado de los negocios, se ha producido un cambio dinámico en el nivel de compromiso y lealtad. Las relaciones de tutoría que existían en el modelo de aprendiz han disminuido si no es que han desaparecido completamente. Los líderes empresariales se ven a sí mismos como administradores asignados para sacar lo mejor de los empleados bajo su autoridad. Por otro lado, los empleados se ven a sí mismos como un recurso humano disponible al mejor postor con un compromiso a largo plazo muy corto hacia su empleador actual y expectativas limitadas del coaching y / o tutoría. Aun cuando los administradores quieran desempeñar un papel de mentor, las limitaciones de tiempo y / o la falta de formación aparecen como los principales escollos.

Dicho esto, es evidente que en las familias hay excepciones que se deben festejar. En el lugar de trabajo cada vez más organizaciones animan y compensan a los gerentes que demuestren una relación de coaching con su personal. Muchas organizaciones reconocen la

COACHING CENTRADO EN CRISTO

necesidad de una amplia gama de servicios de coaching y asesoramiento y pagan por estos servicios cuando su personal accede a ellos. En la comunidad, la iglesia tiene una oportunidad vital para ofrecer una amplia gama de ministerios de asesoramiento y coaching.

El coaching es uno de los muchos servicios que se ofrecen bajo un paraguas mucho más amplio de servicios de ayuda a que incluyen: consultoría, facilitación, asesoramiento, tutoría, atención pastoral y espiritual incluyendo directores espirituales. Se escriben libros, se dan cursos y se otorgan grados para ayudar a proporcionar capacitación en un campo cada vez más especializado. A continuación se presentan algunas descripciones sencillas:

• **Coaching:** Partiendo del estado de ánimo el bienestar actual y el desarrollo de las fortalezas intrínsecas del cliente, el coaching se centra en las futuras aspiraciones, esperanzas y sueños del cliente.

• **Asesoría:** Centrándose en la salud emocional o relacional, la asesoría entra en el campo de la terapia o tratamiento y emplea la evaluación psicológica o de diagnóstico y herramientas terapéuticas. La asesoría suele comenzar por hacer frente a las consecuencias de las heridas emocionales o conflictos resultantes de algún trauma, falta de comunicación, y el abuso físico o emocional.

• **Consultoría:** Se espera que un consultor valore, evalue las opciones, y recomiende cambios. A menudo se espera que traiga un mayor nivel de especialización, conocimiento o experiencia en un campo especial. A menudo se espera que el consultor haga propuestas de cambio y puede desempeñar un papel clave en hacer que el cambio suceda.

• **Facilitación:** La facilitación toma muchas formas. En su corazón se asemeja al coaching. La diferencia es que a menudo se ocupa de ayudar a grupos de personas a lograr un cambio deseado.

• **Tutoría**: A menudo, esta es una asociación de desarrollo personal a largo plazo en el que una persona con más experiencia o más conocimiento se convierte en un modelo a seguir ayudando a guiar a una persona con menos experiencia o menos informado. Otro término que se puede utilizar en tal relación es "Aprendizaje".
https://en.wikipedia.org/wiki/Mentorship~~number=plural - cite_note-MasteryWorks-1

• **Director Espiritual:** Similar al coach el Director Espiritual está inclinado a tener un enfoque especial en las disciplinas necesarias para una relación vibrante con Dios.

• **Cuidado Pastoral**: Esta se refleja con mayor frecuencia en una relación de clérigos. Mientras que algunos pastores tienden a cumplir muchas de las funciones enumeradas anteriormente, recientemente se está volviendo más ventajoso para los pastores actuar como punto acertado de entrada a muchos de estos servicios. En cierto modo, es mejor cuando el pastor le ayuda al cliente a identificar sus necesidades y luego lo refiere a otros proveedores que están mejor calificados o equipados para ofrecer los servicios relacionados.

La lista anterior no abarca todo. Con los crecientes desafíos y complejidades de nuestro mundo, es probable encontrar nuevas o renovadas definiciones y clasificaciones.

Debido a la amplia gama de servicios que se ofrecen en este campo, el papel de un coach es a menudo ambiguo y los resultados rara vez se documentan. Esto ha provocado el aumento de los riesgos de la falta de comunicación, la incomprensión o el establecimiento de expectativas poco realistas.

Usted puede entrenar. Usted no necesita un título para ser un Coach. Si usted se preocupa por la gente entonces usted puede ser un Coach. Si usted lidera gente su deber es entrenarlos. Jack Welsh, el ex presidente de General Electric, es considerado uno de los mejores líderes del siglo 20. Él dijo: "*Si usted no entrena a su gente, nunca debería ser promovido*." Esto pone de relieve la creciente necesidad de los gerentes de interesarse personalmente en el coaching de su personal.

Acerca De Los Estilos De Coaching

A los efectos de nuestro análisis nos gustaría definir el coaching como una "relación muy personal de confianza, con un propósito, entre un "coach" y otra persona que llamaremos un "cliente". El coaching desbloquea el potencial oculto del cliente y utiliza los talentos únicos que ya existen dentro de ellos. Una relación de coaching beneficia principalmente al cliente, pero puede tener beneficios secundarios para la organización del cliente o de la comunidad.

El siguiente diagrama proporciona una definición alternativa de coaching. Puede ser útil para examinar el coaching en un espectro que va desde el directivo y el no directivo y desde altos a bajos niveles de autoridad.

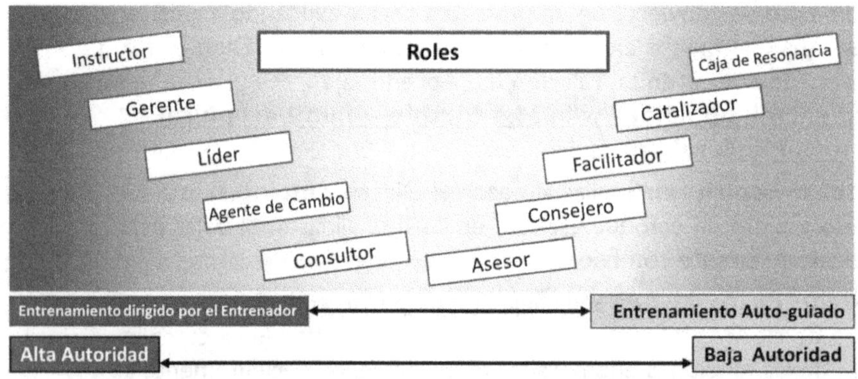

- **Coaching Dirigido:** Este extremo de la escala está ejemplifica por el maestro o el profesor autoritario. Aquí, el coach se basa en gran medida en su conocimiento, competencia y experiencia para dirigir las actividades del cliente en el cumplimiento de los objetivos acordados. En este papel, el coach está investido con un alto grado de autoridad, y exige la adhesión a instrucciones específicas .El Coaching Dirigido se aplica a aquellos gerentes y líderes que buscan entrenar agresivamente a su personal. Este también es útil, en menor medida, para los consultores a quienes se les paga para ofrecer resultados tangibles en el servicio a sus clientes.

- **Coaching no-dirigido:** En el otro extremo de la escala, el coaching no-dirigido pretende que el cliente pueda confiar en su propio conocimiento, habilidades y experiencia para cumplir con los objetivos acordados. Aquí, el éxito no se basa en el conocimiento o la autoridad del coach, sino en su capacidad para facilitar el mejor resultado - sobre la base de recursos propios internos del Cliente. Al describir el papel de tal coach, el autor y de experto en coaching, Myles Downey, escribe: *"La función principal del coach es entender. No hay que resolver, sanar, hacerlo mejor, o ser sabio ... ... La magia es que es en ese momento de comprensión el jugador (Cliente) entiende por sí mismo, se vuelve más consciente, y es entonces cuando está en condiciones de tomar mejores decisiones y opciones que de todos modos habría hecho. Esta es la razón por la cual el Coaching es profundamente simple y simplemente profundo "* [2]

El coaching no dirigido no es pasivo. Con preguntas hábiles que conducen a la comprensión, el coach pone de manifiesto la creatividad y la visión oculta del Cliente. Es bueno tener en cuenta que, para ser más eficaz y ganar la necesaria confianza, el Coaching Dirigido por el Cliente debe estar despojado de la percepción de autoridad, mientras que todavía tiene libertad de prestar asesoramiento y responsabilidad. Este tipo de coaching es el sello distintivo de los gerentes exitosos y líderes que tratan de empoderar y desarrollar sus equipos..

Este trabajo se centrará en un modelo de coaching no dirigido que llamamos coaching dirigido por el cliente. Esta es una relación de coaching donde **el cliente dirige los objetivos y metas y el coach controla el proceso y las herramientas necesarias.**

El diagrama adjunto ilustra los fundamentos de las relaciones de coaching centradas en Cristo. El Coaching Centrado en Cristo es una colaboración de tres

vías entre un **COACH,** un **CLIENTE** y **JESUCRISTO.** El Espíritu de Cristo permite a fortalecer y motivar al **COACH** para ayudar al cliente a descubrir sus propias fortalezas y responder a sus propias necesidades. Este es un **PROCESO** intencional, disciplinado apoyado por **HERRAMIENTAS** adecuadas de pensamiento y comunicación.

La práctica del coaching no se limita a la comunidad cristiana. Tanto el coaching cristiano como el no cristiano son las relaciones motivadas por un propósito, donde un coach utiliza sus fortalezas para servir a un cliente, usando herramientas y procedimientos adecuados. Sin embargo, desde un punto de vista cristiano, no podemos pasar por alto el papel que juega Jesús en este intercambio vital.

Humanamente hablando, es imposible aspirar a una perfecta relación de coaching. ¿Por qué? Los coach y los clientes son personas imperfectas. Las herramientas y procesos de coaching son hechos por el hombre y el mejor de los casos son imperfectos. Como se ilustra en el diagrama adjunto, siempre habrá una brecha entre estas cuatro partes que forman una relación de coaching. Esta es la verdad sobre todas las relaciones de coaching. La diferencia en el coaching centrado en Cristo es que todos los pasos de Cristo son omniscientes sabios y con sabiduría sortea la brecha. Jesús está

> **Jesús dijo que si dos o tres se reúnen en Su nombre Él estaría allí. Él es el tercer participante en todas las reuniones de coaching.**
>
> **Al comienzo de una reunión de coaching a menudo le pedimos al cliente que indique la meta de la reunión en oración pidiendo a Jesús por los resultados específicos que le gustaría lograr a través de una sesión de coaching específica.**

íntimamente interesado en ello y ha invertido en cada relación de coaching centrada en Cristo

¿Por qué? Jesús vino para que cada uno de nosotros pudiera **"tener una vida abundante."** El propósito del coaching cristiano efectivo es ayudar al cliente a disfrutar de esa vida abundante. Este es un objetivo que no se puede lograr sin la presencia de Cristo en la relación de coaching.

Dios tiene un propósito claro para cada vida. Su propósito fue revelado al crearnos a Su imagen para que podamos hacer una buena obra y tener una relación personal con Él. Este fue ejemplificado para nosotros en la vida de Jesucristo. Con su Espíritu en el centro de nuestra vida Cristo nos da la libertad de tomar decisiones diarias mientras cumplimos nuestros llamamientos de vida. El trabajo del coach es simplemente trabajar con Cristo para ayudar al cliente a descubrir, articular, comunicar y cumplir el propósito de Dios en estas elecciones.

En Mateo 28: 19-20 Jesús ordenó a sus discípulos "*Id, y haced discípulos a todas las naciones,... enseñándoles que guarden todas las cosas que os he mandado; y he aquí **yo estoy con vosotros todos los días**, hasta el fin del mundo.*"

El coaching es una parte fundamental para hacer discípulos. Por Su vida y ministerio Jesús proporcionó un modelo maravilloso que puede ser aplicado a las relaciones de coaching de hoy. Jesús prometió que Él nunca nos dejará. Por Su espíritu está presente y listo para impactar cada reunión de coaching.

El coaching efectivo busca descubrir la verdad y la realidad de la necesidad del cliente. El trabajo del coach es ayudar al cliente a definir un plan de acción que se construya de la verdad y una manera de cumplir con este plan. Jesús dijo: "Yo soy la verdad y el camino y la vida ..." En un mundo que se alimenta de mentiras y falsedades sobre lo que somos y lo que debemos hacer, es bueno saber que Jesús es parte de todas las conversaciones de coaching. Él es capaz de revelar la verdad y el camino para el cambio que puede ayudar al cliente a encontrar la vida abundante.

Sugerimos que los principios y fundamentos del coaching efectivo encuentran sus orígenes en la vida, el ministerio, y el modelo de Jesucristo. Jesús desea que cada uno de nosotros se vuelva intencional en entrenar y hacer discípulos.

Somos mayordomos de las lecciones aprendidas a través de nuestro viaje por la vida con Jesús. Pablo afirma esto en su comunicación con Timoteo cuando dice, "... *esfuérzate en la gracia que es en Cristo Jesús. Y lo que has oído de mí ante muchos testigos, esto encarga a hombres fieles que sean idóneos para enseñar también a otros.*" *2 Timoteo 2: 1-2.*

El coaching centrado en Cristo cumple el deseo de Dios, para ambos, el coach y el cliente. Mientras la atención se centra en las necesidades del cliente, como un colaborador con Cristo, y por la dependencia en el espíritu de Cristo, el coach crecerá para parecerse más a Cristo.

Conozca sus fortalezas. La parte más importante en el coaching es asegurar el ajuste correcto entre el coach y el cliente. Un coaching efectivo comienza con la comprender sus fortalezas y conocer sus dones espirituales y cómo se relacionan con su papel como coach. Sobre la base de la parábola de los talentos en Mateo 25, coaching cristiano efectivo es una mayordomía de lo que se le da. Un coach efectivo entrena de sus propios talentos y se basa en las fortalezas que Dios le ha dado.

A menudo me pregunto, junto con ayuno y oración que hizo Jesús durante Sus 40 días en el desierto. Este fue un período intenso de preparación para Sus nuevas funciones y ministerio. Sabemos que mientras era toda divino Él era todo humano.

Me pregunto si pasó una gran cantidad de tiempo a examinando Sus papeles a la luz de los dones, talentos, y la autoridad que se le dio. En el ojo de Su mente, desarrolló planes de corto y largo plazo de cómo Él se reuniría con Sus discípulos y que es lo que haría durante Su tiempo limitado con ellos. Sabía también que habría muchos momentos en que tendría que llamar Al Padre en busca de ayuda y recursos adicionales. Sospecho que Él pasó mucho tiempo reflexionando sobre las Escrituras y las promesas de Dios, para apoyarlo cuando estuviera cansado, decepcionado, e incluso tentado. Sí, incluso Jesús tuvo que reflexionar sobre lo que lo motivó a continuar ese ministerio arduo y desafiante.

Acerca de las Fortalezas

Como coach usted tiene que conocer sus fortalezas para que pueda definir claramente las funciones que está llamado a desempeñar en la vida de sus clientes. Basado en el campo de la Psicología de las Fortalezas sus fortalezas son el resultado de una fórmula que se ilustra en el diagrama adjunto.

　　COACHING CENTRADO EN CRISTO

Los científicos de la Organización Gallup definen fortalezas como "la capacidad de proporcionar un rendimiento constante, casi perfecto en una actividad determinada." También sugieren que las fortalezas comienzan con talentos que se definen: "Patrones

naturalmente recurrentes de pensamientos, sentimientos o comportamientos que se pueden aplicar de forma productiva. "Sus talentos son el don de Dios para usted. Dios comenzó el proceso de darle sus talentos mucho antes que naciera.

Estos talentos se desarrollan por el conocimiento que cada uno de nosotros adquiere a través del proceso de aprendizaje en la escuela de la vida. En la escuela de la vida también adquiere las habilidades o pasos necesarios para aplicar los conocimientos que ha adquirido. Experiencia es la variada aplicación de sus talentos, conocimientos y habilidades para diversas circunstancias de la vida. A través de ese proceso desarrollamos lo que realmente importa, la sabiduría. Un coach de efectivo es un coach sabio.

Así como sus huellas digitales son únicas, sus fortalezas son únicas suyas. Un coach sabio y eficaz es capaz de entender, articular y comunicar sus fortalezas a sus clientes de una manera que define sus roles de coach.

¿Qué hay de usted? Aquí hay algunas preguntas que pueden ayudarle a considerar sus roles como coach

- ¿Cuáles son sus talentos dados por Dios?

- ¿Qué conocimientos han adquirido o necesita adquirir que pueda utilizar para ayudar a la clase de clientes que Dios le ha llamado a servir?

- ¿Qué habilidades ha desarrollado o necesita desarrollar para el servicio de aquellos que necesitan su ayuda?

- ¿Por cuales experiencias ha pasado que le ayudarán a entender y relacionarse con aquellos a los que Dios le llama para ayudar?

Acerca de los Roles

Su adecuación a sus roles de coaching es extremadamente crítica. Su rol define su adaptación y su capacidad para responder a las necesidades específicas de los clientes.

Como hemos comentado anteriormente, el coaching se puede definir de muchas maneras y puede tomar muchas formas diferentes. Basándose en su comprensión clara de fortalezas es su responsabilidad definir los roles para los cuales está preparado para desempeñar en una relación de coaching. Además, es su responsabilidad dirigir a su cliente a buscar apoyo o servicios que van más allá de los que usted está preparado para ofrecer.

Las siguientes son algunas preguntas que pueden ayudarle a discernir su adecuación para entrenar:

- ¿Qué le atrae a entrenar?

- ¿Qué le apasiona?

- ¿Qué necesidades en la vida de las personas a su alrededor parecen interesarle?

- ¿En que es experto o ha logrado serlo?

- ¿Es usted un sobreviviente de los desafíos comunes de la vida?

- ¿Qué tipo de personas o necesidades son las que más le atraen?

- ¿Qué ha experimentado a través del éxito y el fracaso para que pueda entrenar a otros a través de los mismos?

- ¿Está viviendo una vida que quiere emular de personas o grupos de personas específicas?

Nota: Para más información sobre el desarrollo de sus fortalezas y roles le recomendamos los recursos del Taller de Fortalezas disponible en http://integrity-plus.com/wp/sms/sws/. Usted puede obtener una copia gratuita don de nuestro libro, El Taller, de Fortalezas en nuestra tienda electrónica en http://estore.strengthsworkshop.ca/?product=sw-ebook

Acerca de Escuchar y Preguntas

¿Qué hacen los coachs? ¿ ¿Cuáles son las cosas más importantes que hacen los coachs? La respuesta es muy simple; **escuchar bien y formulan buenas preguntas**.

¿Cuáles son las cosas más importantes que hacen los entrenadores? La respuesta es muy simple; **escuchar bien y formulan buenas preguntas**

La escucha activa es una habilidad. Con un poco de buena práctica la mayoría de nosotros puede desarrollar algunas habilidades de escucha activa. He aquí algunos

> "La función principal del Coach es entender. No resolver, sanar, mejorar o ser sabio ... La magia es que es en ese momento de comprensión, el cliente entiende por sí mismo, se vuelve más consciente, y está en condiciones de tomar mejores decisiones y elecciones que de todos modos han hecho. Así es como el coching es hondamente simple y profundo."
>
> **Myles Downey**, *Coaching Efectivo: Lecciones del Coach de Coachs*

simples consejos:

- Trate de escuchar a fin de ser capaz de repetir lo que ha oído. Dígale al cliente, "Déjeme que le cuente lo que le he oído decir."

- Escuche el tono de voz y las emociones que se esconden detrás de las palabras.

- Escuche en oración. Recuerde, Jesús es parte de la conversación. Pídale al Señor que le revele lo que Él sabe.

- Haga contacto visual fuerte.

- Deje que su lenguaje corporal comunique que está escuchando.

- Elimine todas las distracciones para que usted y su cliente puede centrarse el uno en el otro.

- Recuerde al cliente que Jesús es parte de la conversación. Pídale a su cliente compartir lo que él acaba de decir a Jesús en oración.

Las preguntas son más poderosas que las respuestas.

"Las preguntas tienen el poder de cambiar vidas Pueden poner en marcha la creatividad, cambiar nuestra perspectiva y darnos el poder de creer en nosotros mismos -. Nos empujan a pensar las cosas o llamarnos a la acción." [3] Haga las preguntas correctas y asegúrese que el cliente proporciona respuestas sinceras, son la savia vital de una sesión de coaching. Esto revela la verdadera habilidad de un Coach y la disposición del Cliente para cambiar.

> La mayoría de las personas no cambian por lo que usted les dice, sino mucho más por lo usted logra que le digan.

Las preguntas animan al Cliente a pensar. Ayudan a que se mueva a un estado más claro de la conciencia y descubre soluciones ocultas. Además, las preguntas ayudan al Cliente a entender las realidades y las responsabilidades asociadas con los temas u objetivos a los que se enfrenta. Las preguntas son también una poderosa herramienta para crear el enfoque, articular supuestos, y calificar los riesgos -, así como la transición a las acciones que permiten alcanzar los resultados deseados.

Especialmente en el Coaching Dirigido por el Cliente, el Coach tiene que depender en gran medida de preguntas abiertas que empiezan con cómo, qué, por qué, quién, o cuándo. Los siguientes son ejemplos de los muchos tipos de preguntas que un Coach puede emplear:

- **Las preguntas reveladoras** fomentan la creatividad y la imaginación. Invitan al cliente a pensar de manera diferente. Las preguntas reveladoras buscan desafiar las limitaciones, las creencias y las prioridades establecidas.

- o ¿Dónde está ahora mismo en relación con ...?
- o ¿Qué le gusta de donde está ahora ...?
- o ¿Qué no le gusta de donde está ahora ...?
- o ¿Qué le importa más profundamente respecto a ...?
- o ¿Cuáles son sus fortalezas únicas, dones espirituales, habilidades, talentos, experiencias ...?
- o ¿Cómo se siente acerca de ...?
- o ¿Qué otras imágenes puede ver cuando piensa en ....?
- o ¿Qué valores son los que más quiere ...?
- o ¿A quién más puede considerar para ...?

- **Las preguntas de titularidad** animan al Cliente a asumir la responsabilidad, ser más proactivo definir metas **"SMART"** (INTELIGENTES) y pasos a seguir.

  - o ¿Qué parte está jugando en ...?
  - o ¿Qué ha hecho que contribuyera a ...?
  - o ¿Qué es lo que usted podría haber hecho de otra manera ...?
  - o ¿Qué es lo que quiere hacer al respecto ...?
  - o ¿Cómo puede cambiar ...?

    - **Las preguntas directas** buscan atención, acción y / o responsabilidad. Cuando se usan con prudencia, estas preguntas pueden ayudar a asegurar que la sesión de coaching ofrezca el mayor beneficio para el Cliente.

  - o ¿Qué avances hizo con respecto a ...?
  - o ¿Cómo se comunicará ...?
  - o ¿Qué estás dispuesto a hacer ahora ...?
  - o Cuando piensa ...?
  - o ¿Cómo podemos estar seguros de que lo hará...?
  - o ¿Cómo puede usted compartir el cambio que está haciendo para ayudar a otros con problemas similares?

Aquí está uno de los más poderosos consejos de coaching que hemos aprendido.

Cuando usted tiene una opinión que le gustaría compartir con su cliente, DETÉNGASE, PIENSE, REFORMÚLELA como una pregunta de modo que el cliente pueda articular su propia opinión como una respuesta.

COACHING CENTRADO EN CRISTO

Acerca de la Motivación

El coaching, aunque muy gratificante, no es fácil. Para ser un buen coach debe definir claramente lo que le motiva y le mantiene invirtiendo en su relación con el Cliente. Al igual que la mayoría de las otras profesiones de ayuda, la motivación personal debe ir mucho más allá de los beneficios económicos y los honorarios. Los coaches eficaces están motivados por la mejora en el bienestar de sus clientes, así como el bien común. El beneficio multiplicado se ve a menudo en el impacto expansivo que su coaching tendrá en la vida familiar o en el entorno del trabajo del cliente.

Es útil que hacer un seguimiento de los progresos y el impacto de sus esfuerzos de coaching. Anime al cliente a comunicar el cambio a usted y a los demás. ¿Se acuerda de la nota que recibimos de nuestro cliente, Kam? La herramienta más motivadora que hemos encontrado se produce cuando un cliente le envía una nota que expresa el cambio que ha hecho y el impacto de su coaching en su vida. Fomente que el cliente le proporcione testimonios honestos. Estos testimonios no son sólo para su motivación; más importante aún, afirman al cliente en su compromiso con el cambio. Además, sirven para inspirar a otros a que también busquen ayuda.

El Cliente

Una vez más vamos a examinar el modelo de Jesucristo. Aunque Su deseo era que "todos puedan ser salvos" Él entendió que muchos negarán Su ayuda y no aceptarán Su enseñanza. De hecho, Él era muy selectivo en la elección de

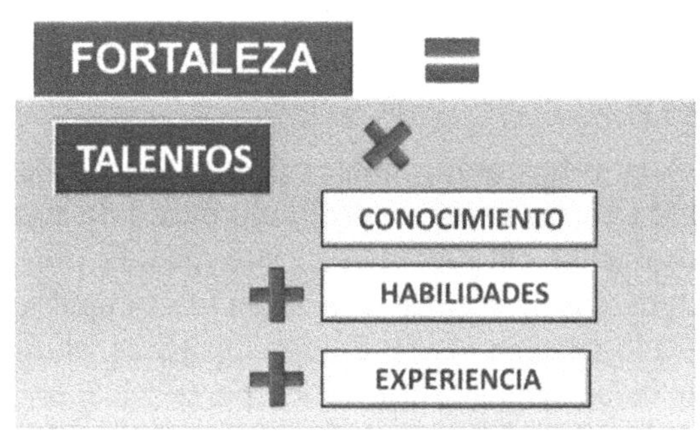

Sus discípulos. Dedicó la mayor parte de Su tiempo y energía para unos pocos que estaban dispuestos y motivados para seguirlo y ser impactados por Su ministerio. De esta manera Él nos dio un modelo para asegurar el ajuste correcto en una relación cliente / coach. En la dependencia del Espíritu de Cristo, el coach es responsable de asegurarse que los clientes que él entrena son compatibles con sus propósitos de coaching, estilo y fortalezas.

Una de las primeras responsabilidades en el coaching es descubrir las fortalezas de su cliente y cómo se relacionan con sus necesidades. Como coach usted sirve a sus clientes a partir de quién es usted, pero basándose en las fortalezas de su cliente y lo que quiere llegar a ser. Su capacidad de impactar la vida se basa en las fortalezas que traen pero, más importante, se basa en las fortalezas que poseen. Si bien es importante que usted conozca sus propias fortalezas y la motivación como coach, es aún más importante que el cliente sea capaz de conocer, comprender, articular y comunicar sus propias fortalezas y las necesidades que harán que él cambie.

La misma fórmula a la que hicimos referencia para ayudarle a definir sus fortalezas puede ser utilizada por el cliente para ayudarle a descubrir, articular y comunicar sus propias fortalezas.

Vivimos en una cultura basada en el déficit que resalta constantemente nuestras debilidades. Como resultado, la mayoría de nosotros nos centramos en nuestras debilidades y todos los intentos de cambiar y mejorar fallan. Ayudando a su cliente a descubrir, articular y comunicar sus fortalezas dadas por Dios podría ser el resultado más alentador y positivo de una relación de coaching basada en las fortalezas. Ayudando a su cliente a enfocarse en sus fortalezas le ayudará a encontrar sus propios caminos para el cambio. Usted puede ofrecer a sus clientes una copia gratuita del libro, El Taller de Fortalezas, de nuestra tienda electrónica en http://estore.strengthsworkshop.ca/?product=sw-ebook

Acerca de las Necesidades

Se ha dicho, "*Usted puede llevar un caballo al agua pero no puede obligarlo a beber.*" Como coach nunca se puede obligar a la gente a cambiar. Todo el coaching del mundo va a ser una pérdida de tiempo y energía a menos que el cliente tenga un auténtico deseo y voluntad de cambio y quiera pagar el precio del cambio.

Los clientes buscarán cambios como resultado del Espíritu Santo obrando en sus vidas, un profundo deseo de algo mejor o una crisis de la vida que les obligue a buscar su ayuda. Es muy importante para el coach descubrir si el cambio deseado es impulsado internamente o motivado externamente. En otras palabras, el deseo del cliente debe partir de una genuina convicción personal. Si el cliente indica que está tratando de cambiar sólo para complacer a alguien más, la motivación será de corta duración y cualquier resultado del coaching será temporal en el mejor de los casos.

Si el cliente viene a usted como resultado de un verdadero deseo de cambio y sin presión externa de familiares o amigos, su trabajo como coach es mucho más fácil y hay tres sencillos pasos que le ayudarán a iniciar una relación de coaching:

- En primer lugar, asegúrese que el cambio deseado no está en conflicto con la voluntad declarada de Dios para todos los creyentes
- Ayude al cliente a articular claramente los objetivos de coaching claros que estén en armonía con el deseo de Cristo para concederle "vida abundante"

- Junto con el Espíritu de Cristo ayude a su cliente establece un plan razonable en el logro de objetivos centrados en Cristo en un período de tiempo razonable

Por otro lado, si el cliente viene a usted como resultado de una **crisis fundamental de vida**, desafíos emocionales y / o exigencias de la familia, amigos o gerentes, esto presenta una situación más compleja que puede requerir el asesoramiento o la terapia antes de que comience el coaching. Es muy importante que usted descubra esta necesidad y asegurarse que su cliente busca la ayuda adecuada. Basándonos en nuestra experiencia, este es uno de los errores más comunes en las relaciones de coaching.

¿Qué motiva a los clientes a buscar el coaching? La encuesta de la Federación Internacional de Coaching enumera las 10 principales razones por las que las personas se involucran con un Coach:

1. **Autoestima / confianza en sí mismo**
2. **Equilibrio trabajo / vida**
3. Carrera o desafíos de negocio u oportunidades
4. Retos de la gestión de negocios
5. Relaciones, ya sean personales o de negocios
6. Rendimiento en el trabajo
7. Desarrollo de habilidades interpersonales
8. Desarrollo de habilidades de comunicaciones
9. Salud y bienestar
10. Equipo-efectividad

Por favor, tenga en cuenta que los recursos ofrecidos en **el Taller de Fortalezas** proporciona recursos para satisfacer las necesidades de los dos primeros. Como coach, lo antes posible, es fundamental identificar el propósito o el motivo por el que el cliente está buscando su ayuda en la relación de coaching. Si el cliente presenta más de una razón, es importante que usted priorice estas razones y trate con ellas una a la vez.

Acerca de la Confidencialidad

La confidencialidad está ligada a la confianza en la relación de coaching. **La confianza en una relación de coaching es como el oxígeno al cuerpo**. Al momento en que se retira la confianza la relación de coaching se ve comprometida. El coach juega un papel vital para garantizar que el cliente no tenga ninguna duda de que lo que él comparte sigue siendo confidencial. Necesita que le recuerden que el propósito de una relación de coaching es principalmente para beneficio del cliente.

La cuestión de la confidencialidad y la confianza es especialmente importante cuando un gerente o un líder está entrenando a su personal.

Para desarrollar la confianza el gerente tiene que dejar de lado las prioridades organizacionales y personales a favor de los mejores intereses de los empleados. Se debe entender claramente que el Coach va a mantener la mayor confidencialidad posible - dentro de ciertos límites. Estos límites incluyen restricciones legales, límites éticos, así como cualquier riesgo de los Clientes de hacer daño a sí mismos o a otros.

Acerca de las Medidas

Nosotros valoramos lo que medimos y medimos lo que valoramos. Dado que tanto el Coach como el Cliente son responsables de lograr la eficacia y el éxito, comparten la responsabilidad de la medición. Si la evaluación y las mediciones son ignoradas, esto puede conducir a la decepción y la incomprensión que puede tener un impacto negativo a largo plazo.

La efectividad de las sesiones de coaching se puede medir por el progreso del Cliente en el cumplimiento de sus explicitados propósitos, objetivos y metas. El Tablero de Progreso (ver herramientas) es una herramienta útil que proporciona un nivel de objetividad no sólo durante la relación de coaching, sino incluso mucho después.

Por otro lado, el Coach y el Cliente también puede depender de una percepción cualitativa mediante la evaluación de cómo se sienten acerca de la efectividad de cada sesión de coaching. Por ejemplo, al final de cada sesión, tanto el Coach como el Cliente indicarán en qué medida están de acuerdo con la siguiente declaración: **"Esta sesión fue muy eficaz"**. Una evaluación regular y sincera de las sesiones es una herramienta muy eficaz para definir si la relación de coaching debe continuar o si debe ser modificada o cancelada sin ningún reproche o culpa.

Acerca del Acuerdo

¿Debería haber un acuerdo para el coaching? **Sí**. Al igual que con cualquier relación de alto valor, existe el riesgo de la falta de comunicación e incomprensión. Un acuerdo de coaching simple y claro, verbal o escrito, busca mitigar malos entendidos y establece expectativas realistas. El acuerdo del coaching es parte de los ejercicios de iniciación y se debe destacar:

1. **Finalidad / Objetivos:** Destaque la finalidad y los mejores dos o tres objetivos que se realizarán a partir de esta relación de coaching. Es preferible utilizar objetivos a corto plazo que se pueden realizar en uno a tres meses.

2. **Roles:** Enumere las funciones clave que se espera que cumpla el Coach.

 | COACHING CENTRADO EN CRISTO

3. **Tiempo Limitado**: Indique la duración estimada de esta relación. Esta debe estar vinculada al objetivo temporal en el horizonte. Se debe dar preferencia a los acuerdos a corto plazo, que pueden ser renovados con nuevos objetivos - si fuera necesario. El acuerdo también debe indicar la frecuencia y la duración de cada sesión de coaching. Asimismo, indique si las conversaciones por teléfono o videoteléfono son aceptables; estas tecnologías pueden reducir los costos de transporte y logística.

4. **Supervisión del progreso:** Indique cómo se supervisará el progreso y en qué forma se medirá el éxito, así como los términos de finalización. Esto fomenta la responsabilidad y el uso adecuado de los recursos.

5. **Precio base:** Un coaching de gran valor tiene un alto precio. Con razón o sin ella, a menudo nosotros valoramos los servicios en función de su costo. A fin de comprender el potencial total del coaching, incluso cuando no se intercambien honorarios (por ejemplo, cuando los gerentes entrenan al personal técnico o en el caso de los ministerios sin fines de lucro), los Clientes tienen que ser conscientes del precio pagado por el coach u otros. Es responsabilidad del coach recordarle con frecuencia el Cliente del costo del mal uso de los recursos.

EL PROCESO

Cuando examinamos la historia de la creación o el plan de Dios para la salvación vemos un proceso orientado a Dios. La forma en que Dios trató con Su pueblo fue intencional en todo lo que Él hizo. La vida y ministerio de Jesús sugiere que Él valoraba, las relaciones intencionales disciplinadas. Aunque es diferente de un discípulo al otro podemos ver que Jesús estuvo seleccionado a Sus discípulos y los capacitó para el ministerio en una relación orientada hacia un proceso.

- Se preparó durante cuarenta días en el desierto.

- Oró antes de elegir a Sus discípulos.

- Los encontró donde estaban.

- Los invitó a una relación con Él mismo.

- Él comunicó el coste del cambio deseado.

- Estableció una clara comprensión de los objetivos.

- Pasó mucho tiempo con ellos.

- Utilizó parábolas, ilustraciones y un lenguaje que pudieran entender.

- Los animó a seguir Su ejemplo.

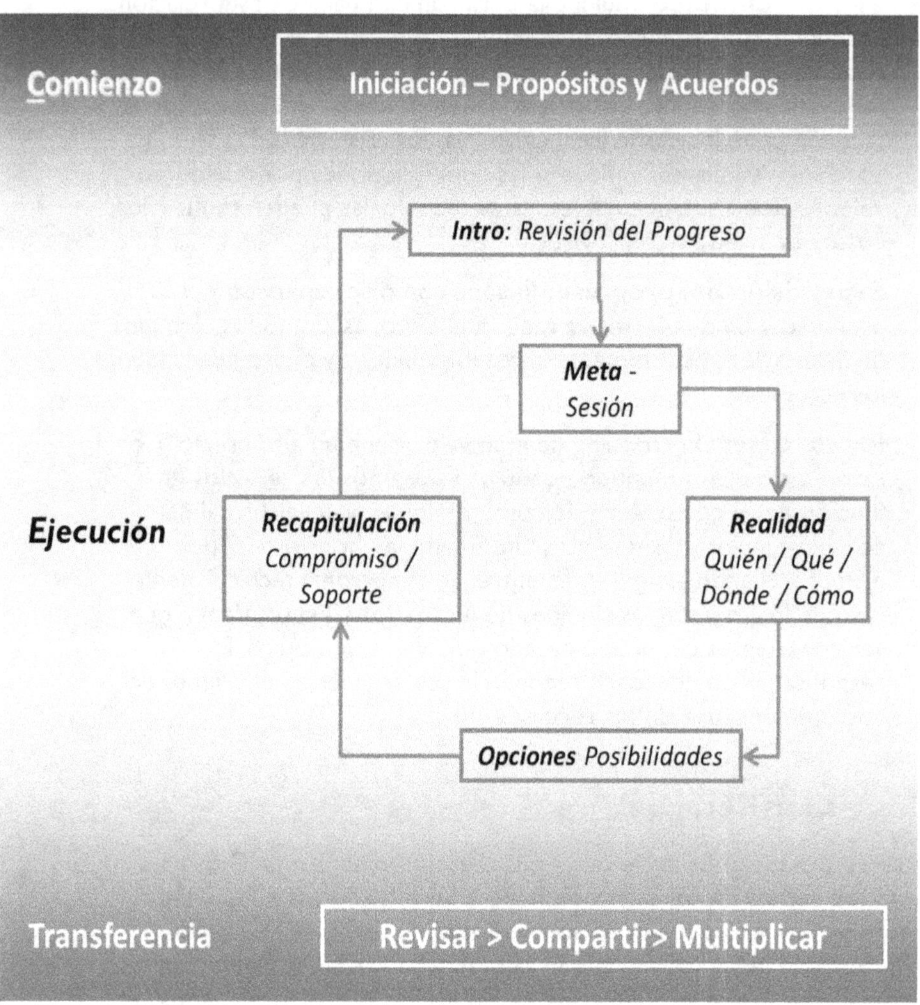

El coaching es una relación de alto valor que a menudo tiene un impacto a largo plazo. Por esta razón, debe ser tomada en serio por ambos, el coach y el cliente. Los mejores clientes son los clientes preparados.

Una relación de coaching comienza en una variedad de formatos. La historia que compartimos antes sobre nuestra reunión con Kam ilustra relaciones esporádicas que revelan algunas de las necesidades que usted puede responder como coach. En otras ocasiones, puede ser una referencia de un pastor o un amigo.

Como una relación movida por un propósito, una vez que usted llega más allá de las presentaciones casuales informales usted, como el coach, debe establecer expectativas claras de una relación disciplinadamente orientada por el proceso. El diagrama y la descripción adjunta ofrecen un marco tópico de un proceso de coaching que hemos utilizado con nuestros clientes. Solíamos llamarlo Coaching Dirigido por el Cliente o Auto-dirigido porque el cliente dirige los objetivos del

COACHING CENTRADO EN CRISTO

coaching y los objetivos de cada sesión de coaching, mientras que elcoach controla el proceso. Desde una perspectiva cristiana nos gusta hacer referencia a este proceso como Coaching Centrado en Cristo.

SET (Start, Execution, and Transfer, por sus siglas en ingles. **Inicio, Ejecución, y Transferencia**), que se ilustra en el diagrama adjunto, resaltan los elementos que contribuyen a una relación de coaching exitosa y transferible.

Inicio: El inicio de una relación sienta las bases para su éxito o fracaso. Una reunión de iniciación es donde se descubren las necesidades y se comunican los objetivos. Tan pronto como sea posible, el coach y el cliente deben ponerse de acuerdo sobre la confidencialidad, la frecuencia de las reuniones, y cuánto tiempo va a durar la relación de coaching. Es útil para ponerse de acuerdo sobre los principales instrumentos o recursos que se utilizarán para mejorar el proceso de coaching. Es en esta etapa en la que las herramientas de comunicación y descubrimiento pueden ser muy útiles. Más tarde, vamos a discutir algunas herramientas específicas que encontramos útiles en nuestro trabajo.

Ejecución: Esta es la etapa donde el proceso se encamina el proceso. Este proceso repetitivo es el corazón de una relación de coaching. Se trata de una serie de conversaciones o sesiones que utilizan el modelo: "I G-R-O-W"(Yo crezco). CRECER es el modelo de coaching más ampliamente adaptado. El Tablero de Progreso, presentado más tarde, es una sencilla herramienta de poca sobrecarga que provee estructura y soporte para cada conversación de coaching.

Introducción: Una revisión de los avances y desafíos es una valiosa introducción a cada sesión de coaching. Con cuidado, responsabilidad y apoyo, se recomienda al cliente que persevere para alcanzar los objetivos acordados.

Meta: Es responsabilidad del cliente articular objetivos claros para la sesión de coaching. Centrándose en objetivos que son SMART (INTELIGENTES) (Specific, Measurable, Attainable, Relevant, and Time dependent: (Específicos, Medibles, Alcanzables, Relevantes, y dependientes del Tiempo) es fundamental para el éxito de las conversaciones de coaching.

Realidad: En este caso, el coach guía al cliente en pintar una imagen fiel de la realidad a la que se enfrenta. Utilice preguntas revelando abiertas tales como: "¿Cuál es el problema real con ...", "¿Quién más está involucrado en ...", "¿Qué pasa si ..", "¿Cómo se siente acerca de ... ? "y" ¿Dónde quiere ...? "Esta técnica enciende la creatividad del Cliente. El entendimiento surge de sus propios recursos internos, que de otra manera no podrían haber sucedido.

Opciones: A medida que el cliente descubre la realidad de los problemas, la gente, los sentimientos, las oportunidades y obstáculos, surgirán muchas soluciones y oportunidades. Con una hábil comprensión, se aclararán las opciones más apropiadas. Ahora el Cliente está listo para asumir compromisos y tomar medidas. Aquí el técnico utilizará preguntas de propiedad para ayudar al cliente a ver lo que él o ella pueden hacer. Tales como "¿Qué se puede considerar ..." "¿Qué es probable que suceda si ..." "¿Quién debería ver a ..." ¿Qué pasaría si ... "" ¿Qué medidas puede tomar a ... "

Recapitulación: A medida que el Cliente define sus planes de acción, y se compromete a la oportuna ejecución; el coach tendrá un papel estimulante y de apoyo. Incluso en el Coaching Dirigido por el Cliente, donde el Coach no asume mucha autoridad, el Coach debe ejercer (y el cliente debe aceptar) la responsabilidad de apoyo Esto es esencial. Aquí el técnico utilizará preguntas directas para ayudar al cliente a moverse a los planes de acción cometidos. Tales como "¿Qué estás dispuesto a hacer ..." "¿Cuál de estas opciones le llevará ..." "¿Cuándo va a ..." "¿Cómo va a hacer ..."

Transferencia: En ciertos puntos en la relación de Coaching, es útil para el Coach y el Cliente revisar y poner de relieve los resultados de sus esfuerzos y las lecciones aprendidas. Compartir el éxito, siempre que sea posible o conveniente, afirma el compromiso del Cliente con la mejora continua. La transferencia de habilidades es una poderosa manera de hacer cumplir las lecciones aprendidas. "Si quieres ser un maestro de un arte, Entrénate en él". Es muy recomendable que el cliente encuentre gente que sea enseñable para que él / ella pueda ayudarles a modelar las habilidades observadas en la relación de coaching. Esto tiene un beneficio multiplicador para todos los interesados. En otras palabras, tan pronto como sea posible, usted como coach debe animar a su cliente a que también entrene a otros. Recuerde "El hierro con hierro se afila, y un hombre aguza a otro." Nada afirmará a su cliente en lo que aprendió tanto como el beneficio que va a ganar entrenando a otros.

Preguntas a YO CREZCO

La siguiente tabla presenta un conjunto de preguntas asignadas al modelo **YO CREZCO**

YO CREZCO: Preguntas de Coaching

Iniciación	• **¿Cómo está?** Fisicamente → Emotionalmente → Economicamente → Spiritualmente/Cáracter → * **Progreso y Desafíos**
Meta	• **¿Cómo puedo ayudarle hoy?** Específicas → **M**edibles **A**lcanzables → **R**elevantes → **D**ependientes del tiempo

DESCUBRIR LOS PROBLEMAS REALES: Haga preguntas reveladoras:

- **El pasado:** ¿Qué lo llevó a esto? ¿Puede contarme el trasfondo? ¿Qué más causó esto?
- **El futuro:** ¿Qué lo llevó a esto? ¿Puede contarme el trasfondo? ¿Qué más causó esto?
- **Patrones:** ¿Con qué frecuencia ocurre esto? ¿Ve un patrón aquí?
- **Emociones:** ¿Cómo se siente al respecto? ¿Cómo se sienten los demás?
- **Otros puntos de vista:** ¿Cómo cree que los demás ven esto? ¿Si estuviera en su lugar, ¿cómo ...?
- **Concreto:** ¿Puede darme un ejemplo específico de ...? ¿Qué dijo/dijeron, hizo/hicieron exactamente?
- **Valores:** What values do you hold dear? What do you believe about...?¿Qué valores aprecia? ¿Qué piensa de ellos ...?
- **El meollo del asunto:** ¿Cuál es el verdadera asunto / preocupación y por qué?

EMPODERAMIENTO: Haga preguntas de titularidad

- **Cinco opciones:** ¿Cuáles son cinco opciones para ..., ¿Qué más ...?
- **El pasado:** ¿Qué ha hecho en el pasado, que funcionó manera similar...?
- **Obstáculos:** ¿Qué le impide ...? ¿Qué necesita para que no tenga que ...?
- **Futuro ideal:** ¿Cómo sería su futuro estado? N° de meses a partir de ahora ¿cómo se vería ...?
- **Trabajar hacia atrás:** ¿Qué necesita que suceda? ¿Qué tiene que cambiar ...? ¿Podría llevarme a través del proceso? ¿Puede imaginar las cosas cambiando ...?
- **Fuera de la caja:** ¿Puede pensar en usted mismo como un agente de cambio? Y si...? ¿Qué creencias le llevan a ...?

PODRÍA hacerlo →   **QUIERO** hacerlo →   **LO haré.** Haga preguntas directas.

- **Opciones:** ¿Cuál de estas opciones le favorece y por qué?
- **Podría:** ¿Qué podría hacer para cambiar ...?
- **Quiere:** ¿Qué quiere hacer y PORQUÉ?
- **Intención:** ¿Qué va a hacer? ¿Me proporcionaría los pasos ...? ¿Podemos interpretar ese rol ...?
- **Seguro:** ¿Cómo puede estar seguro que ...? ¿Qué pasaría si...? ¿Necesita rendir cuenta? **Para estar seguro:**
- **Claridad:** ¿Cómo podemos asegurarnos que esto está muy claro?
- **Agenda:** ¿Cuándo hará esto? ¿Puede ponerlo en su agenda?
- **Compromiso:** ¿Cómo podemos estar seguros que lo quiere ...?
- **Plazo:** ¿Cuál es el último plazo
- **Informe del progreso:** ¿Me hará saber que ...? ¿Me llamará si no es capaz de ...?

Las Herramientas

Como cualquier profesión u oficio un coaching efectivo se apoya en herramientas. Las herramientas de coaching sirven para ayudar a su cliente a descubrir y aplicar la verdad. Ayudan a su cliente a pensar y comunicar la verdad. Jesús dijo: "... conoceréis la verdad, y la verdad os hará libres." Juan 8:32. Llegar a una comprensión clara de la verdad libera al cliente y abre la puerta a la mayoría de nuestros desafíos de vida.

Si bien nos resistimos a hacer referencia a la Biblia como una herramienta, La Biblia es el manual más completo de coaching. Pablo le dice a su discípulo Timoteo que "toda la Escritura es inspirada por Dios, y útil para enseñar, para reprender, para corregir, para instruir en justicia." 2 Timoteo 3:16.

Jesús nos dio un modelo. Se refirió a las Escrituras en muchas de Sus relaciones de enseñanza y coaching. Además, Jesús da un buen modelo en el uso de ilustraciones, historias y parábolas como herramientas de enseñanza y coaching. En su libro, Jesús, Coach de la Vida, Laurie Bet Jones describe cómo Jesús, por Su vida y enseñanzas, proporcionó un recurso de coaching en respuesta a la mayoría de nuestras preguntas de vida.

Las herramientas pueden ser tan simples como nuestro "¿Cómo se mide" que se ilustra en la primera conversación de Baha con Kam. En el otro extremo del espectro, hay herramientas que requieren estudio y tienen costos financieros asociados con ellas.

Los coaches emplean diferentes herramientas, recursos o ejercicios para apoyar los roles que desempeñan y el tipo de clientes que mejor sirven. Más importante aún, las herramientas deben adaptarse a la finalidad de la relación de coaching. Creemos que las herramientas son más eficaces cuando son administradas por el Cliente, y se pueden utilizar independientemente del Coach mucho después del final de la relación de coaching. Estas herramientas se convierten en ejercicios de larga duración.

En el Coaching Dirigido por el Cliente, los ejercicios sirven como moldes de pensamiento y comunicación. Se utilizan principalmente para beneficio del cliente para ayudarle a comunicar sus pensamientos y sentimientos. Estos ejercicios aumentan la eficacia del coach.

Busque en la web o lea libros de coaching y encontrará un amplio inventario de herramientas de coaching. La mayoría de las herramientas de coaching pueden dividirse en dos categorías:

- **Herramientas de descubrimiento e iniciación**: Los nueve primeros ejercicios están diseñados para facilitar el auto-descubrimiento del Cliente y ayudar a definir las bases sobre las que se pueden crear objetivos de coaching y un plan de coaching.

- **Herramientas de progreso**: El Tablero de Progreso es una herramienta sencilla, de discusión de bajo costo operativo, que proporciona una cierta estructura, esquema o programa para cada conversación de coaching. También ayuda al cliente a adueñarse de su progreso y dirigir las prioridades de coaching.

Nota:

El apéndice de este folleto presenta un proceso de ejecución y un conjunto de herramientas diseñadas específicamente para el Coaching del Desarrollo de Fortalezas. Estos incluyen ocho ejercicios de descubrimiento e iniciación y más de 30 ejercicios relacionados con el progreso. Muchos de estos ejercicios pueden modificarse y utilizarse para otras actividades que no sean el Coaching del Desarrollo de Fortalezas. Los siguientes ejercicios de descubrimiento e iniciación son ampliamente transferibles.

1. ¿Cómo está usted?

La imagen adjunta es una herramienta del tamaño de tarjeta de visita simple que mantengo en mi billetera y uso muy a menudo. La uso para iniciar una conversación con amigos, clientes e incluso extraños. Yo diría sencillamente **"¿Quiere decirme cómo se sientes físicamente, emocionalmente, financieramente o espiritualmente?"** En el suplemento encontrará un ejercicio relacionado más largo.

Este ejercicio va varios pasos más allá del simple "Cómo se mide" Al responder a un conjunto de 12 postulados, el propósito de este ejercicio es ayudar a su cliente a comunicar cómo se siente: física, emocional, económica y espiritualmente. También prepara el escenario para las mejoras que él desea. Como Coach, su prioridad es ayudar a su cliente a moverse de su estado actual a otro mejor. Este ejercicio pretende introducir un nivel de objetividad en la sesión de coaching. Sirve algo como un auto-diagnóstico por el cual el cliente puede explicar cómo se siente en un rango de 1 - 5. También es útil para indicar el cambio u objetivo deseado. Como se verá en el último ejercicio, el resumen de esta encuesta también le proporciona un lenguaje para usar en todas las sesiones de coaching que sigue.

2. Definir Valores Fundamentales

El propósito de este ejercicio es ayudar a su Cliente a definir lo que es verdaderamente importante en su vida. Ya sea que los conozcamos o no - incluso si no podemos articularlos - nuestros valores fundamentales conducen nuestra vida. Nuestros valores fundamentales son lo que valoramos más que otra cosa. Hay cosas, problemas, o relaciones que no estamos dispuestos a comprometer. Alguien dijo una vez: "Ellos son los valores por los que incluso estamos dispuestos a morir."

Los valores fundamentales son la piedra angular de la vida - sobre la que construimos nuestras prioridades futuras, nuestra dirección y los cambios deseados. Lamentablemente, rara vez los definimos o los comunicamos. Desde que el coaching es una relación movida por un propósito, es conveniente asegurarse que los valores fundamentales del Cliente se articulan y comunican.

mayores cambios beneficiosos.

3. Roles - Inventario de Amor y Odio

Este ejercicio busca ayudar a su Cliente a pensar y priorizar sus roles más importantes en la vida. En el escenario de la vida, a menudo nos otorgan títulos o designaciones profesionales. Sumergirse en cada uno de estos títulos implica muchos roles. Algunos de estos son roles que amamos y algunos son roles que odiamos. A menudo, los roles que amamos dependen de nuestras fortalezas de carácter más dominantes. Una vez más, el objetivo es ayudar al Cliente a ver y comunicar los roles en los que puede concentrarse, para lograr los mayores cambios beneficiosos.

Yendo más lejos mientras jugamos nuestros muchos roles de vida, se nos dan responsabilidades y tareas que cumplir. Aparte del impacto de las relaciones y de las personas que participan en estas actividades, lo que amamos y odiamos son buenos indicadores de dónde es más probable que cambiemos y donde enfrentamos nuestros mayores desafíos. Por esta razón, este ejercicio de autoconocimiento puede ser una herramienta útil de coaching. El propósito es ayudar al Cliente a ver las relaciones entre las fortalezas, los roles, responsabilidades y actividades que ama u odia.

4. El Lenguaje del Amor

Las exigencias de la vida hacen retiros de su cuenta bancaria emocional. Aquellos que son importantes para usted hacen depósitos en sus cuentas bancarias emocionales. Aquellos que están cerca de él tienen una capacidad única para dinamizarlo y hacerlo crecer emocionalmente

En su libro más vendido, *Los Cinco Lenguajes del Amor,*4 el Dr. Gary Chapman se ocupa de este concepto de llenar nuestras cuentas bancarias emocionales. Los depósitos en su cuenta bancaria emocional llegan en la forma de recibir amor. Sugiere que usar el correcto lenguaje del amor es la mejor herramienta para el cambio de moneda

Como coach, comprender los cinco lenguajes del amor y el lenguaje de amor de su cliente mejorará su relación de coaching. Además, le ayudará a entender la forma en que su cliente está motivado y cómo las personas importantes en su vida pueden ayudarlo a que se mueva hacia el cambio deseado. Usted tiene que alentar a su cliente a que participe en la encuesta los Cinco Lenguajes del Amor en http://www.5lovelanguages.com/

5. Objetivos del Coaching

Este ejercicio ayuda a su Cliente enfocarse en por la cual él necesita su ayuda, y cómo lograr los resultados que busca. Los objetivos son declaraciones de fe, que ponen de relieve lo que desea lograr el Cliente de la experiencia del coach. Estos objetivos también ayudarán al Coach medir su capacidad para satisfacer las necesidades del Cliente.

Usando frases cortas y sencillas, el Cliente debe enumerar dos o tres objetivos que den una imagen de lo que le gustaría lograr en sus sesiones de coaching. El cliente debe enumerar por cada uno de estos objetivos los que son importantes para él.

6. Rol de Coach

El propósito de este ejercicio es asegurar un buen ajuste. El coaching no es de una sola talla para toda actividad; Como Coach, usted no puede ser de todos para todos. Los Coaches exitosos se aseguraran que sus propias fortalezas y estilos hacen hacen una buena pareja con las necesidades del cliente. Como se dijo anteriormente, los coaches pueden desempeñar muchos roles. Este ejercicio tiene dos partes:

- **En primer lugar**, el Coach, en base en sus fortalezas y estilos, tiene la responsabilidad de definir los roles que está dispuesto a considerar desempeñar o indicar dónde quiere enfocar sus energías y su práctica.

- **En segundo lugar**, por medio del diálogo sincero, el Cliente puede dar prioridad a estos roles y garantizar que sean compatibles con sus necesidades y objetivos

Las siguientes son una muestra de los roles comunes del coaching:

- **Fuente de responsabilidad**: Actuar de una manera que aliente el comportamiento específico hacia el cumplimiento de los objetivos acordados y o compromisos

- **Asesor**: Dar consejos sobre una o varias preguntas claramente expuestas, que pertenezcan al área específica de conocimientos, habilidades o experiencia que uno posee.

- **Asesor**: (alternativo) ofrecer o encontrar opiniones sensatas sobre temas específicos, o respuestas a preguntas específicas. O, recomendar recursos o cursos de acción apropiados
- **Catalizador**: Actuar como un agente que provoca o acelera un cambio o acción significativo
- **Consejero**: Proporcionar orientación, soluciones, o una opinión profesional, en relación con un problema o una necesidad personal, social o psicológica
- **Empático**: Compartir sentimientos en un momento de necesidad, de dolor emocional o estrés
- **Recurso**: Proporcionar ayuda en una situación difícil, proporcionando asistencia o recursos tangibles para satisfacer necesidades especiales
- **Caja de resonancia**: Proporcionar reacciones honestas a las ideas, opiniones o puntos de vista para ayudar a aclarar la eficacia o la aplicación de un Cliente

7. Tablero de Progreso

El propósito de esta plantilla es proporcionar un proceso que dirige cada conversación de coaching. Como hemos descrito anteriormente, en una relación de Coaching Dirigido por el Cliente, el Cliente dirige los objetivos de coaching y el coach dirige el proceso. Esta herramienta proporciona a cada sesión de coaching de una estructura y una plantilla de comunicación. **Preparada por el cliente**, esta plantilla le ofrece la oportunidad de reflexionar y documentar su progreso y desafíos. También es una forma de comunicarse con el Coach dónde invertir mejor el limitado tiempo de cada sesión de coaching.

Esta plantilla proporciona un proceso de coaching de cinco sencillas partes ilustrado en las secciones anteriores:

1. **La Introducción** ayuda al Cliente a responder a la importante pregunta "**¿Cómo está usted?**". Cómo se siente el Cliente establece el tono y las prioridades de una relación afectuosa. Para darle un poco de objetividad, se recomienda al cliente indicar, en una escala de 1 a 5, ¿cómo se siente: física, emocional, económica y espiritualmente. Tenga en cuenta que este es un resumen de la entrada prevista en el primer ejercicio.

   Para ayudar a proporcionar la continuidad de una sesión a otra, se recomienda al Cliente grabar y compartir sus logros desde la última reunión, así como los retos y obstáculos encontrados. Dependiendo de lo que se comparte y el tiempo disponible, el Coach puede utilizar esto como punto de partida para continuar la discusión.

   El establecimiento de objetivos es importante. El tiempo de coaching es limitado. El establecimiento de objetivos asegura que el

Cliente define lo que le gustaría lograr al final de la sesión de coaching.

2. **Las notas de discusión del coaching** ayudan al Cliente y al Coach a recordar pensamientos importantes y útiles para el seguimiento, apoyo y responsabilidad.

- **La discusión de la realidad** crea y registra una clara comprensión del tema en cuestión.

- **Las opciones de discusión** buscan ayudar a reducir las opciones disponibles, y el impacto de cada una, antes de acordar el mejor plan de acción.

  - **Cerrar la sesión de coaching** es un acuerdo sobre las acciones específicas que el Cliente está dispuesto a asumir. El Coach puede formular preguntas al Cliente como los siguientes:

  - Entonces - ¿qué le gustaría hacer?

  - ¿Es esto lo que se compromete a hacer?

  - ¿Cuándo espera hacerlo ...?

  - ¿Cómo sabré que lo ha hecho?

COACHING DE LAS FORTALEZAS
Un Suplemento al Coaching Centrado en Cristo

Este suplemento provee un proceso y un conjunto de herramientas para ayudarle a desarrollar sus **fortalezas** dadas por Dios integrándolas en sus **roles, relaciones y planes de vida**. Este es un **proceso de seis pasos**. Usted puede adaptar estas herramientas de coaching a sus necesidades cuando elija entre 40 ejercicios de pensamiento. Para ayudarle a registrar y comunicar sus pensamientos y planes de acción con cada ejercicio encontrará **plantillas** fáciles de usar.

Como se ilustra en este suplemento, le ofrecemos un **proceso de Coaching de sus Fortalezas en dos fases**. Cada fase tiene tres pasos:

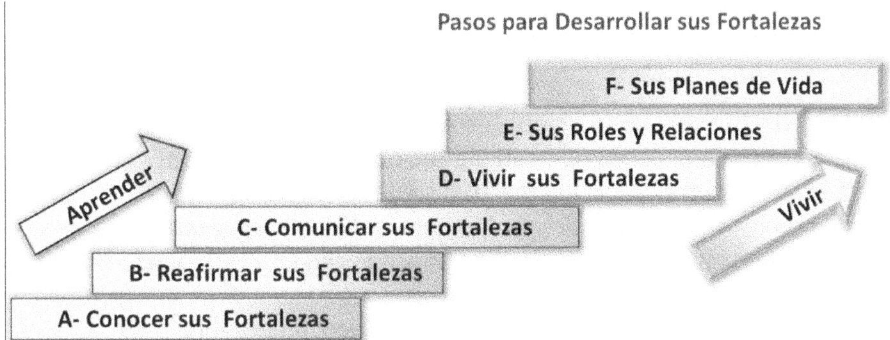

1. **Conozca sus Fortalezas**. Su identidad no se basa en lo que hace sino mucho más en quién es usted. A medida que se vuelve íntimamente consciente de sus principales fortalezas puede administrar sus fortalezas más débiles y así compensar sus menores fortalezas. Por medio de sus experiencias de vida y la afirmación de sus relaciones importantes usted podrá adquirir sus fortalerzas dadas por Dios.

2. **Viva sus Fortalezas**. Sus llamados de vida no se definen por su título, una lista de tareas pendientes o las expectativas de los demás, sino por los importantes roles que está llamado a desempeñar. Vivir sus fortalezas es invertir y aplicar sus fortalezas a sus roles importantes en la vida. Esto mejorará su eficacia, mejorará sus relaciones y conducirá a un mayor equilibrio entre la vida laboral y la vida privada.

Mantenga a Cristo en el centro. Al comienzo de cada paso ore pidiendo **por la guía de Dios**. Al final de cada paso, **busque la sabiduría de Dios** al definir su enfoque orientado a la aplicación y su plan de acción.

Para aquellos que desean ayudar a otros a desarrollar sus fortalezas dadas por Dios, este suplemento proporciona una caja de herramientas que pueden editar y usar para desarrollar su propio ministerio de coaching.

INTRODUCCIÓN

¿Desea priorizar sus roles y relaciones de su vida a medida que desarrolla y hace crecer sus fortalezas dadas por Dios? Si respondió que sí, siga leyendo.
Sus fortalezas son como sus músculos; cuando los ejercita, ellos se desarrollan, le sirven, y traen gloria al que se los dió. Al principio, comprométase con un plan disciplinado. Esté listo para invertir el tiempo y el interés en los ejercicios proporcionados en este proceso.

Mientras que usted puede tomar este proceso por sí mismo, el apoyo de un amigo o un coach será más útil. Los coaches hacen preguntas para ayudarlo a pensar y descubrir respuestas para usted. Hemos estructurado este documento para ser una herramienta de coaching transferible. A través de sus preguntas **yo actuaré como su coach**. Les formularé algunas preguntas de coaching seguidas de plantillas o un espacio para sus respuestas.

Cada uno de los seis pasos tiene una función única. Le animamos a ver esto como un proceso que cumple sus objetivos de coaching. Aunque le animamos a seguir los seis pasos en secuencia, usted tiene la opción de omitir algunos ejercicios o preguntas. Algunas preguntas tomarán poco tiempo mientras que otras pueden requerir pensarlas más.

Un consejo sencillo: evite ser demasiado analítico. Su primera impresión es a menudo la más importante. El último ejercicio en cada paso le pedimos que refleje y registre la cosa más importante que aprendió de ese paso, la aplicación de lo que aprendió y la forma en que esto se relaciona con su objetivo de coaching. Además, se le anima a compartir esto con su amigo o coach.

En este artículo, suponemos que usted ha tomado el **Taller de Fortalezas**. Si no es así, le animamos a ir al taller de fortalezas de auto-estudio en http://integrity-plus.com/wp/sm/sp/. Allí encontrará recursos para ayudarle a descubrir sus fortalezas y un proceso para ayudarte a discernir sus llamados de vida

Tenga en cuenta:

- En http://integrity-plus.com/Data/Templates/StrengthsDev-s.docx descargue una copia en MS Word de este suplemento. Haga de este un documento vivo que pueda actualizar a medida que sepa más acerca de sus fortalezas y a medida que cambian sus roles de vida.

  - Como una herramienta de coaching transferible, este es un suplemento al folleto de Coaching Centrado en Cristo. Obtenga una copia gratis en
    http://estore.strengthsworkshop.ca/product/coach2-sp

- La última sección incluye herramientas adicionales para ayudarle a entrenar a otros y desarrollar su práctica de coaching. **Siéntase libre de adaptarlo a sus necesidades de coaching.**

INICIACIÓN

Como su coach, no me veo como alguien que sabe cómo hacer la vida mejor que usted; Más bien me veo a mí mismo como alguien que quiere ver cómo usted hace su vida mejor de lo que pensaba que podía. Cualquier proceso de coaching comienza con la iniciación o algunas preguntas de auto-descubrimiento. Estas preguntas también me ayudarán a conocerlo y aprender cómo puedo ayudarle a alcanzar sus objetivos de coaching. Una vez que haya completado estos ejercicios de descubrimiento, por favor, compártalos conmigo como su coach.

1. ¿Cómo está?

Cada conversación de coaching comenzará con esta pregunta familiar. Como su coach, porque me importa, quiero saber más que el habitual "estoy bien". Esta es una simple herramienta de evaluación y discusión. A través del proceso de coaching nuestro objetivo es mejorar su bienestar general. Estos resultados se pueden utilizar para seguir el progreso o el éxito del coaching. Complete todas las celdas **Grises**.

¿Hasta qué punto está de acuerdo con las siguientes afirmaciones? (Copie y pegue **X** para su respuesta))	estoy completamente De acuerdo ←→ En desacuerdo				

A. Físico

1. Mi estado de salud es óptimo.	5	4	3	2	1
2. Duermo muy bien.	5	4	3	2	1
Puntaje Físico Promedio	(total dividido por 2)				

B. Emocional

3. Mi vida familiar es muy satisfactoria y gratificante.	5	4	3	2	1
4. Mis relaciones con mis compañeros de trabajo son colaborativas y de apoyo.	5	4	3	2	1
5. Amo mi trabajo. En el trabajo me siento equipado y facultado para ser regularmente el mejor y hacer aquello en soy mejor en hacerlo.	5	4	3	2	1
6. Mi vida laboral está totalmente equilibrada.	5	4	3	2	1
Puntaje Físico Promedio	(total dividido por 4)				

C. Financiero Y Desarrollo

7. Mis asuntos financieros están totalmente bajo control.	5	4	3	2	1
8. Me siento bien recompensado por el trabajo que hago.	5	4	3	2	1
9. Mis planes personales de crecimiento y desarrollo apoyan mi necesidad de estabilidad financiera y / o objetivos futuros.	5	4	3	2	1
Puntaje Físico Promedio	(total dividido por 3)				

D. Espiritual

10. Mis valores son claros y están apoyados por mi fe espiritual y creencias.	5	4	3	2	1
11. Soy plenamente consciente de las fortalezas y debilidades de mi carácter.	5	4	3	2	1
12. Mi familia, amigos y compañeros de trabajo apoyan mis valores y prioridades.	5	4	3	2	1
Puntaje Físico Promedio	(total dividido por 3)				

Cambio Deseado: Si las cosas mejoran, ¿cuál sería su calificación? **Copie y pegue C al lado de la puntuación deseada.**

- **Como su coach** voy a comparar su punaje en el tablero de progreso **"¿Cómo está?"** para posibles mejoras.

2. ¿Cuáles son sus valores fundamentales?

El El coach Tony Stoltzfus escribe, **"Los valores son la base de los comportamientos.Ellos definen lo que es importante para nosotros, forman el marco que utilizamos para tomar decisiones, y son la fuerza motriz de nuestro trabajo y nuestras pasiones."** Los valores fundamentales son como el timón que guía la nave para mantenerla en su curso. Este ejercicio de cinco pasos le ayuda a comenzar un proceso de escribir sus valores básicos y compartirlos con otros:

1. Utilizando la lista que aparece a continuación, seleccione una lista de palabras descriptivas clave que signifiquen más para usted. ¿Qué palabras le apasionan o le preocupan más? Coloque una **A** al lado de estas palabras. Agregue más palabras según sea necesario. Lo más probable es que usted comenzará con una lista bastante larga. Eso es correcto.

2. Reduzca su lista colocando una **B** junto a cualquier palabra que represente algo que sea único acerca de usted y / o en lo cual actualmente esté ocupado o forme una parte significativa de su presente o un trabajo o vida personal deseadas. Esta es su lista **B**.

☐ Adelanto

☐ Amistad

☐ Amor

☐ Añada más

☐ Añada más

☐ Añada más

☐ Aprendizaje permanente

☐ Armonía

☐ Artístico

☐ Atención

☐ Autenticidad

☐ Aventuras

☐ Belleza

☐ Benevolencia

☐ Búsqueda apasionada

☐ Cambio

☐ Carácter

☐ Comenzar cosas

☐ Competencia

☐ Compromiso

☐ Comunicación

☐ Comunidad Compasión

☐ Conocimiento

☐ Creatividad

☐ Cuidado

☐ Curación

☐ Deber

☐ Devoción

☐ Diversidad

☐ Diversión

☐ Dominio

☐ Edificación

☐ Eficiencia

☐ Emoción

☐ Emprendedor

☐ Entendido

☐ Entusiasmo

☐ Equipo

☐ Espontaneidad

☐ Estabilidad

☐ Estrategia

☐ Evangelismo

☐ Excelencia

☐ Éxito

☐ Exploración

☐ Familia

☐ Finanzas

☐ Flexibilidad

☐ Franqueza

☐ Frugalidad

☐ Fuerza

☐ Generosidad

☐ Gentileza

☐ Gobierno

☐ Honestidad

☐ Honor

☐ Hospitalidad

☐ Identidad

☐ Influencia

☐ Inspiración

☐ Integración

☐ Integridad

☐ Intimidad

☐ Inversión

☐ Legado

☐ Libertad

☐ Liderazgo

☐ Llegar

☐ Logros

☐ Matrimonio

☐ Mayordomía

☐ Motivación

☐ Movimiento

☐ Naturaleza

☐ Nuevos desafíos

☐ Nutrir

☐ Oportunidad

☐ Patrimonio

☐ Paz

☐ Pensamiento

☐ Perfección

☐ Pertenencia

☐ Planificación

☐ Política

☐ Practicidad

☐ Precisión

☐ Preocupación

☐ Principios

☐ Profundidad

☐ Progreso

☐ Propósito

☐ Racionalidad

☐ Realización

☐ Reconocimiento

☐ Reflexión

☐ Relación

☐ Rendir culto

☐ Renovación

☐ Responsabilidad

☐ Responsabilidad

☐ Romance

☐ Sacrificio

☐ Salud

☐ Seguir adelante

☐ Seguridad

☐ Sentido

☐ Ser conocido

☐ Servicio

☐ Sinceridad

☐ Temas del mundo

☐ Trabajar como voluntario

☐ Verdad

☐ Viajar

☐ Vida espiritual

3. Reduzca su lista (**B**) enumerando sus **cinco valores principales** en orden de prioridad a continuación:

I.	2.	3.	4.	5.

3. ¿Qué roles le gustan u odia?

Usted tiene muchas **responsabilidades** de las que es responsable y está llamado a desempeñar muchas funciones. Estas son áreas que impactan en su vida y metas. Enumere sus responsabilidades personales y laborales importantes.

- Indique hasta qué grado usted ama u odia cada una. Marque con una **X** su respuesta.
- ¿Cuál es el% de tiempo que dedica a cada uno de sus roles más importantes?

% del Tiempo	Roles y Responsabilidades. También puede incluir sus principales actividades	YO FUERTEMENTE Amo ←←←←←→→→→→Odio				
		5	4	3	2	I
		5	4	3	2	I
		5	4	3	2	I
		5	4	3	2	I
		5	4	3	2	I
		5	4	3	2	I
		5	4	3	2	I
		5	4	3	2	I
		5	4	3	2	I
		5	4	3	2	I
		5	4	3	2	I
		5	4	3	2	I
		5	4	3	2	I
		5	4	3	2	I
		5	4	3	2	I
		5	4	3	2	I

4. ¿Cuál es su lenguaje de amor favorito?

Como su coach me gustaría animarle y afirmarle en su progreso. A todos nos gusta ser reafirmados y animados de nuestra manera única. Uno de los mejores recursos sobre este tema es Los Cinco Lenguajes del Amor. Encontrar su lenguaje de amor puede ayudarle en muchos aspectos de su vida. Por favor, tome una breve encuesta en http://www.5lovelanguages.com/ y luego ingrese sus Calificaciones del Lenguaje de Amor en la tabla a continuación

Actos de Servicio		Tacto Físico		Tiempo de Calidad	
Recibir Regalos		Palabras de Afirmación			

5. ¿Cuáles son sus objetivos de coaching?

Al igual que desarrollar los músculos, usted necesita objetivos que respondan a las necesidades de la vida real que requieren un cambio real. En oración, identifique áreas de su vida, roles o relaciones en donde desarrollar sus Fortalezas puede ayudarlo a crecer o mejorar. Enumere dos objetivos de entrenamiento y las razones por las cuales son importantes. **Comience cada objetivo con un verbo.**

Objetivos - Cambio deseado	Necesidad o motivo de la Importancia
1.	
2.	

Se dijo sabiamente que una imagen vale más que mil palabras. Mire este video **https://www.youtube.com/watch?v=4vl6wCiUZYc.** Usted puede no ser un artista, pero estoy seguro de que puede garabatear, dibujar y pintar figuras de trazos. En una página separada dibuje un boceto o una ilustración de su vida, roles, relaciones o el cambio que le gusta ver.

   Proceso y Herramientas para el Coaching de Fortalezas

6. ¿Cuál es su plan de desarrollo?

Las páginas siguientes proporcionan un plan de Entrenamiento en sus Fortalezas de **seis pasos**. Cada paso incluye alrededor de cinco ejercicios de pensamiento. Al igual que en la búsqueda de la aptitud física, su progreso está directamente relacionado con la frecuencia con la que se ejercita y cuánto tiempo invierte en el ejercicio. Esto depende de usted. Mientras tiene libertad en los ejercicios que eligió, tiene que seguir los **seis pasos descritos**. Establezca expectativas realistas basadas en la cantidad de tiempo que puede permitirse dedicar. Aquí hay algunas ideas para guiar su planificación:

- Trate de cubrir los pasos uno a cinco en **5 a 10 semanas. Dedique 2-4 horas** por semana a ejercitarse. Estos son ejercicios de pensamiento. Algunos ejercicios le llevarán más tiempo que otros. Es natural que algunos ejercicios le atraigan más que a otros. Haga lo que haga, intente hacer que esto sea agradable.

- El tiempo requerido para el Paso 6, "**su proyecto de desarrollo**", dependerá del alcance y la complejidad del proyecto. Debe dar preferencia a proyectos más simples que requieran menos tiempo.

- La reunión con su coach tiene que ser semanal o quincenal. Planee tomarse 60-90 minutos en cada visita de coaching. Para obtener el máximo beneficio, planee 15-30 minutos después de cada visita de coaching para reflexionar sobre lo que discutió y lo que planea hacer..

Pregunta	Respuesta: Sea bien específico.
• ¿Cuánto tiempo por semana invertirá en el desarrollo de sus fortalezas?	
• ¿Cuando? Establezca un ritmo semanal. Fije días de la semana y tiempo.	
• ¿Quién lo apoyará o lo entrenará en el cumplimiento de su plan? ¿Cuándo o cómo se van a reunir?	

7. ¿Cuáles son mis roles cómo coach?

Como su coach, puedo desempeñar muchos roles. En la tabla a
continuación he enumerado cuatro roles de coaching comunes.
Considere su personalidad, necesidades y objetivos de coaching.
Priorice los roles que desea desempeñar de 1-4. (**I más importante -
4 menos importante**)

Prioridad 1 - 4	Rol
•	**Fuente de responsabilidad**: Actuar de una manera que fomente comportamientos específicos hacia el cumplimiento de objetivos y / o compromisos acordados
•	**Consejero**: Proveer o encontrar opiniones educadas sobre asuntos específicos o respuestas a preguntas específicas o recomendar un curso de acción apropiado
•	**Catalyst:** To act as an agent that provokes or speeds significant change or action
•	**Tablero de resonancia**: Proporcionar reacciones honestas a ideas, opiniones o puntos de vista para ayudarlo a aclarar su eficacia o aplicación

8. ¿Cómo medimos su progreso?

Medimos lo que valoramos. Su progreso es fundamental para nuestra
relación continuada. Es por eso que uso una herramienta que llamamos
el panel de progreso. Cada sesión de coaching es una conversación
orientada a objetivos que busca acercarle al objetivo deseado. Para
asegurar que cada sesión aporta el mayor valor, modificamos un
proceso de coaching muy popular con el acrónimo **"I GROW"**: (YO
CREZCO en español)

- **I**niciación y revisión del progreso es el comienzo de cada sesión de
  coaching. Este es el momento de celebrar los logros y **revisar los
  problemas y desafíos**. Aquí se espera que registre lo mejor que
  ha aprendido y qué cambio desea ver debido a lo que ha aprendido.

- **L**os objetivos fijados al inicio de cada sesión de coaching nos
  ayudarán a mantener nuestro enfoque y ofrecer resultados.

- **L**as discusiones sobre la realidad tratan de aportar claridad franca a
  los problemas reales que necesita enfrentar.

- **L**a revisión de las opciones le ayudará a examinar y restringir las
  direcciones que puede tomar.

- Completar cada sesión de coaching acordando actividades **E**specíficas, **M**ensurables, **A**lcanzables, **R**elevantes y **D**ependientes del tiempo. Esto le ayudará a avanzar hacia el cumplimiento de los objetivos deseados

  1. Descargue una copia en blanco de este panel desde: http://integrity-plus.com/Data/Templates/StrengthsDev-s.docx

  2. Antes de cada sesión de coaching, complete las partes de **Iniciación y Metas** de esta plantilla y envíe por correo electrónico su Panel de Progreso a su coach al menos 24 horas antes de su sesión. Esto le dará tiempo para prepararse para su reunión de coaching. Las tres partes restantes (R.O.W) proporcionan un **espacio para anotar los resultados de su conversación de coaching.**

Nota:

- Durante este proceso necesitará algunos recursos. Recójalos y familiarícese con ellos:

  ✓ Sus informes de **Strengthsfinder2.0 en** https://www.GallupStrengthCenter.com/SignIn/en-US/Index

- Informe de la Percepción de Fortalezas
- Ideas para Acciones
- Ejemplos de Fortalezas

  ✓ Descubrir Sus Cinco Fortalezas Más Bajas http://integrity-plus.com/SM/Notes/LS-SF2.0-Alt-sp.pdf

  ✓ El Libro de Ejercicios del Taller de Fortalezas. http://estore.strengthsworkshop.ca/product/sws-ebook

  ✓ Su Inventario de Dones Espirituales. Ver http://integrity-plus.com/SM/Notes/SpGifts-tst.sp.pdf

  ✓ Los recursos para Ir más en Profundidad disponibles en http://estore.strengthsworkshop.ca/welcome/gd

📖 Donde usted vea este icono del libro, se referirá al contenido en el **Libro Taller de Fortalerzas.**

A. *Conozca Sus Fortalezas*

Según la parábola de los talentos en Mateo 25, usted tiene una responsabilidad dada por Dios de conocer sus fortalezas. Conocer sus fortalezas es un proceso intencional. En el proceso de conocer Sus fortalezas tiene que poder describir sus cinco fortalezas, conocer sus debilidades o sus fortalezas más bajas para que pueda manejarlas o evitar sus trampas y discernir sus fortalezas menores para poder aprovecharlas cuando las necesite. Con este conocimiento, se moverá a afirmar y apropiarse de sus fortalezas para que pueda comunicarlas con autenticidad.

> Ore: "Señor, ayúdame a conocer la verdad sobre las fortalezas que me has dado me."

1. ¿Cómo describe sus fortalezas?

Vaya a su **informe de percepción de sus Fortalezas** StrengthsFinder2.0. Léalo, resaltando cada adjetivo, declaración y término que reflejan sus rasgos de carácter o le lleva a decir "**ese soy yo**". En el espacio de abajo, resuma estos adjetivos en pocas frases. Cuando sea posible utilice el término "**Yo soy ...**"

Haga esto para cada una de sus cinco temas de fortalezas. Lea lo que escribió en voz alta como si estuviera leyéndolo a un amigo o familiar. **Actualice esto mientras conoce más sobre sus fortalezas.**

Para un ejemplo de esto vaya a los videos Yendo en Profundo http://estore.strengthsworkshop.ca/welcome/gd. Allí encontrará cortos clips de vídeo de un minuto para cada uno de los 34 temas de fortalezas

Primer Tema	
Yo soy ...	

Segundo Tema	

Yo soy ...

Tercer Tema	

Yo soy ...

<table>
<tr><td>Cuarto Tema</td><td></td></tr>
</table>

Yo soy ...

<table>
<tr><td>Quinto Tema</td><td></td></tr>
</table>

Yo soy ...

2. ¿Cómo describe su lado sombrío?

El lado sombrío de sus fortalezas es cuando la fortaleza se convierte en una causa de estrés o dolor para usted u otros. Todos enfrentamos el riesgo del lado sombrío de nuestras fortalezas. Del mismo modo que puede describir sus fortalezas usando adjetivos, puede describir el lado sombrío de sus fortalezas usando adjetivos.

 *Vaya al Ejercicio 10 en el libro de Taller de Fortalezas.*

En el espacio a continuación, enumere los adjetivos o términos clave que describen el lado sombrío de cada uno de los temas de las 5 principales fortalezas. Lea lo que escribió en voz alta como si estuviera leyendo a un amigo o familiar. **Actualice esto mientras aprende más sobre el lado sombrío de sus fortalezas.**

Primer Tema	
Tengo el riesgo de ser …	

Segundo Tema	
Tengo el riesgo de ser …	

<table>
<tr><td>Tercer Tema</td><td></td></tr>
</table>

Tengo el riesgo de ser …

<table>
<tr><td>Cuarto Tema</td><td></td></tr>
</table>

Tengo el riesgo de ser …

<table>
<tr><td>Quinto Tema</td><td></td></tr>
</table>

Tengo el riesgo de ser …

3. ¿Cómo describe sus Fortalezas más bajas?

Vaya a http://integrity-plus.com/SM/Notes/LS-SF2.0-Alt.pdf. Descargue un documento con instrucciones sobre cómo descubrir sus fortalezas más bajas. Lea la descripción completa de un párrafo relacionado con cada una de sus fortalezas más bajas. Resalte todos los adjetivos y afirmaciones que sean contrarios a sus rasgos de carácter o le induzca a decir **"Ese NO soy yo"**. En el espacio de abajo, resuma lo que resaltó. Cuando sea posible utilice el término **"No soy ..."** Estos son los temas de Fortalezas que usted necesita evitar.

Lea lo que escribió en voz alta como si lo estuviera leyendo a un amigo o familiar. **Actualice esto a medida que aprenda más acerca de sus fortalezas más bajas.**

Tema 30	
No soy ...	

Tema 31	
No soy ...	

<table>
<tr><td>Tema 32</td><td></td></tr>
</table>

No soy …

<table>
<tr><td>Tema 33</td><td></td></tr>
</table>

No soy …

<table>
<tr><td>Tema 34</td><td></td></tr>
</table>

No soy …

4. ¿Cuáles de sus Fortalezas menores puede usar?

Sus fortalezas menores son los Temas de Fortalezas debajo de los 5 puntos principales. A menudo es útil aprovechar estas fortalezas al definir sus roles y relaciones. Siga el mismo proceso que utilizó para definir sus fortalezas más bajas. Esta vez, intente encontrar y resaltar declaraciones que le describen o le hacen decir, **"Eso soy yo"** o **"Ese podría ser yo"**. Complete la tabla a continuación.

Lea lo que escribió en voz alta como si lo estuviera leyendo a un amigo o familiar. **Actualice esto a medida que aprende más sobre sus fortalezas menores.**

Tema 6	
Yo podría ser …	
Tema 7	
Yo podría ser …	

<table>
<tr><td>Tema 8</td><td></td></tr>
</table>

Yo podría ser …

<table>
<tr><td>Tema 9</td><td></td></tr>
</table>

Yo podría ser …

<table>
<tr><td>Tema 10</td><td></td></tr>
</table>

Yo podría ser …

5. ¿Qué aprendió y qué piensa que va a hacer?

En oración, pídele a Dios que le ayude a definir lo mejor que
haaprendido a través de los pasos de "Conozca sus fortalezas". ¿Qué
cambios le gustaría hacer como resultado? **¿Cómo se relaciona esto
con sus objetivos de coaching?**

Lo Mejor que Aprendí	Cambio o Acciones Deseadas

- **Para su Coach,** incluya este resumen en su panel de progreso
  y envíelo a su coach antes de su próxima sesión de coaching.

B. *Afirme Sus Fortalezas*

Hay muchas maneras de ayudarlo a afirmar y poseer sus fortalezas. Estas incluye sus experiencias pasadas y presentes, los roles que desempeñó con alegría, los comentarios de sus personas importantes y cómo complementan las fortalezas de su gente importante.

> Ore: "Señor, afirmame en las fortalezas que me diste".

6. ¿En qué forma se experiencia reafirma sus Fortalezas?

En la siguiente tabla, divida su vida en segmentos de tiempo lógicos. Digamos cada 10 años. Para cada período recuerde eventos, experiencias o momentos en que se sintió fuerte, empoderado y satisfecho. Enumere de los logros gratificantes que le trajeron alegría y un sentido de propósito. Estos eventos o momentos a menudo reflejan momentos en los que utilizó sus fortalezas. Enumere las fortalezas que pudo haber usado.

Período de Vida	Resalte eventos, momentos o experiencias en las que se sintió fuerte o satisfecho	Posibles Fortalezas Utilizadas

7. ¿Qué roles reafirman sus fortalezas?

Examine la lista que creó en el ejercicio anterior. Identifique los roles
significativos que desempeñó en estos eventos o experiencias. A
menudo, estos roles reflejan momentos en los que usó sus fortalezas.
En la tabla a continuación describa los roles que ha desempeñado.
Relacione esto con las fortalezas que puede haber utilizado.

Resalte los roles, en los que se sintió fuerte o satisfecho	Posibles Fortalezas

*Para más información sobre los roles, vea la Sección C en el libro Taller
de Fortalezas y el apéndice relacionado.*

8. ¿Qué personas reafirman sus fortalezas?

En el ejercicio 1, usted escribió su propia descripción para cada una de sus 5 principales fortalezas. Identifique a 3 personas que lo conozcan bien. Léale las descripciones de de sus fortalezas acada uno de ellos. Pídales su opinión o cómo ven estos rasgos reflejados en usted. Anote sus comentarios u observaciones.

Fortalezas	1a Persona	2a Persona	3a Persona

9. De qué manera la gente reafirma sus fortalezas

Las personas importantes se asocian y colaboran con usted en los roles y responsabilidades de la vida. Ellos tienen propósitos de vida similares pero pueden tener **diferentes fortalezas y/o roles diferentes.** Comprender sus diferencias le rafirmará en la comprensión de sus propias fortalezas y roles.

Enumere al menos 3 personas importantes y explique cómo sus fortalezas y funciones complementan sus fortalezas y roles. Comparta lo que aprendió con esas personas importantes.

Nombre	Fortalezas y Roles Complementarios

Para más información sobre el impacto de las personas importantes, consulte la sección D en el libro Taller de Fortalezas.

10.   ¿Qué aprendió y qué va a hacer?

En oración, pídale a Dios que le ayude a definir lo mejor que ha
aprendido a través de los pasos **"Reafirmar sus Fortalezas"**. ¿Qué
cambios le gustaría hacer cómo resultado? ¿Cómo se relaciona esto con
sus objetivos de coaching?

Lo mejor que Aprendí	Cambio o Acciones Deseadas

- **Para su Coach,** incluya este resumen en su panel de progreso y
  envíelo a su coach antes de su próxima sesión de coaching.

C. *Comunique Sus Fortalezas*

Si no comunica sus fortalezas con claridad y precisión, otros las asumirán por usted. Con esto, usted arriesga la posibilidad de ser asignado en roles incorrectos o que le den responsabilidades y expectativas poco realistas.

> Ore: "Señor, ayúdame a comunicar la verdad sobre mis fortalezas".

11. ¿Cuál es el perfil de sus Fortalezas?

Su perfil de fortalezas es su lista inventariada de fortalezas. Es un breve listado que describe cada una de sus fortalezas. Para cada lista de fortalezas:

- Sus **talentos** utilizando adjetivos
- Sus **competencias** (conocimiento + habilidades + experiencia)
- Su **sombra**. Los riesgos que usted teme como resultado de abusar de sus fortalezas

Fortalezas	Talentos: Yo soy ...	Competencias: Traigo	Sombra: Temo ...
Fortaleza 1			
Fortaleza 2			
Fortaleza 3			
Fortaleza 4			
Fortaleza 5			

12. ¿Cuáles son sus fortalezas combinadas?

Cada una de sus fortalezas tiene poder único por sí mismas.
Cuando combina sus cinco fortalezas, aporta cualidades y poder
que son únicamente suyos. Déjeme darle un ejemplo.

*Para mí, Baha, mis cinco Temas Principales son **Maximizar, Lograr,
Creer, Analytica y Comunicación**. Si see me pidiera que describiera
mis fortalezas combinadas, esto es lo que yo diría:*

> *"Soy un **maximizador**; me encanta construir sobre las grandes ideas de
> otras personas y hacerlas mejores. La parte **analítica** de mí ama poner
> ideas y actividades en un proceso que es fácil de seguir. Como un ganador
> tiendo a estar orientado a proyectos. Creo que la **"creencia"** es la teología y
> la ciencia de las fortalezas. En nuestros talleres y coaching, uso mi
> comunicación para ayudar a otros a conocer e invertir sus fortalezas dadas
> por Dios. Creo que este es mi llamado. Me gusta.""*

*Para más información sobre **"Yo estaba hecho para esto"** vea el
Ejercicio 20 en el libro Taller de Fortalezas*

¿Cómo describiría sus fortalezas combinadas? Escríbalo en el siguiente
espacio:

- **Mis cinco principales temas de Fortalezas son:**
- **Si se me pidiera que describiera mis fortalezas combinadas,
  esto es lo que yo diría:**

13. ¿Qué imagen describe sus Fortalezas?

Dicen que **"una imagen vale más que mil palabras"**. Dibujeuna imagen que refleje sus fortalezas tales como la ve ahora o como las ve reflejadas en su vida futura. Vea http://strengthsschool.com/strengthsfinder-cards.

14. ¿Cuál es su testimonio?

"**Cuénteme acerca suyo**" podría ser la pregunta más utilizada de la entrevista de trabajo. Supongamos que tiene una reunión planeada con un <u>nuevo</u> líder en su iglesia o lugar de trabajo y se le pidiera "Hábleme sobre usted". ¿Qué diría? Esta es su oportunidad de dar testimonio de:

- La singularidad de la creación de Dios revelada en sus talentos y su combinación

- Los conocimientos, habilidades y experiencias que ha adquirido

- Las tentaciones y los riesgos que experimenta como resultado del lado sombrío de sus fortalezas

Escriba esto como una historia de vida que pueda compartir en 5 10 minutos.

15. ¿Qué aprendió y qué va a hacer?

En oración, pídale a Dios que le ayude a definir lo mejor que ha
aprendido a través de los pasos de "Comunique sus fortalezas". ¿Qué
cambios le gustaría hacer como resultado? **¿Cómo se relaciona esto
con sus objetivos de coaching?**

Lo Mejor que Aprendí	Cambio o acciones deseadas

- **Para su Coach,** incluya este resumen en su panel de progreso y
  envíelo a su coach antes de su próxima sesión de coaching.

Los Dones Espirituales tienen fundamentos bíblicos fuertes. Se interpretan de muchas maneras. Hay muchas herramientas para ayudarle a descubrir sus dones espirituales. Si usted no conoce sus dones espirituales conteste la encuesta en http://www.spiritualgiftstest.com/.

El mismo Dios que le dio stus fortalezas le dio sus dones espirituales. Lea las explicaciones y las referencias bíblicas a nuestros dones espirituales. Busque en oración percepciones sobre cómo la comprensión de sus fortalezas reafirma sus dones espirituales y viceversa. Utilice la tabla siguiente para registrar sus percepciones.

Dones Espirituales	Reafirmando las Percepciones de sus Fortalezas

D. *Vivir Sus Fortalezas*

Vivir sus fortalezas es invertir sus fortalezas. De acuerdo con Mateo 25, parábola de los talentos, usted tiene una responsabilidad dada por Dios de invertir sus fortalezas allí donde traen el retorno

más alto y el impacto más duradero. Invertir sus fortalezas es un proceso intencional. En el proceso de invertir sus fortalezas necesita una visión y objetivos claros del cambio que desea ver que sucedan en sus roles y relaciones.

Nota: El cambio requiere relaciones de apoyo. En la siguiente sección le recomendamos que se concentre allí dónde es probable que tenga roles y relaciones de apoyo.

16. *¿Qué ve acerca de sus Fortalezas?*

Vuelva a sus informes de StrengthsFinder2.0. Allí encontrará ideas y ejemplos que se relacionan con cada uno de sus cinco temas de fortalezas. Consulte https://www.GallupStrengthCenter.com/SignIn/en-US/Index

- **Lea la sección de ideas** para cada una de sus fortalezas. Resalte las ideas que le gustan. Escriba sus observaciones en la tabla a continuación.

- **Lea la sección de ejemplos** para cada una de sus fortalezas. Resalte ejemplos que le gusten. Escriba sus observaciones a continuación.

Fortalezas	Ideas que me gustan	Ejemplos que me gustan

17. ¿Cuál es su visión o sueño?

La Biblia dice que "sin una visión la gente perece". Todo lo que ocurrirá comenzará con una visión o un sueño. Mire este video https://www.youtube.com/watch?v=4vl6wCiUZYc. Usted puede no ser un artista, estoy seguro que puede garabatear, dibujar y pintar figuras de a palos. Sea cual fuere el talento creativo que tuviera, úselo lo mejor que pueda. Siga las instrucciones dadas en este video para crear una imagen del cambio que desea ver. Pídale a su Padre Celestial que le ayude.

18. ¿Quiénes son las personas importantes para usted?

Las personas importantes comparten o por lo menos aprecian su visión. Es probable que colaboren con usted o al menos le apoyen en avanzar para cumplir con su visión. Enumere las personas importantes y por qué podrían apoyar su sueño. Comparta su visión y registre su respuesta.

Gente importante	¿Por qué es probable que apoyen su visión?	Sus respuestas

19. ¿Quiénes son sus personas enseñables?

Las personas enseñables se benefician y reciben valor de su visión o
sueño. Es probable que tengan necesidades que pueden ser satisfechas a
través de su visión o sueño. También aprenden o crecen cuando usted
invierte sus fortalezas en ellas. Haga una lista de personas a las que
puede enseñar y por qué podrían beneficiarse de su sueño. Comparta su
visión con ellos y luego registre sus respuestas

Personas enseñables	Por qué se benefician de su visión	Sus respuestas

 | Proceso y Herramientas para el Coaching de Fortalezas

20. ¿Quiénes son las personas que le drenan?

Las personas que le drenan son aquellas que no están entre su gente importante o enseñable. A menudo no son malas personas, pero le dejan drenado, agotado o indefenso porque tienen necesidades que no pueden ser satisfechas por sus principales fortalezas. Aunque usted no pueda evitarlas totalmente la gente que lo drenan debe ser intencional en la contención de su impacto negativo.

Enumere a la gente que lo drenan y cómo usted puede limitar su exposición a su impacto negativo.

Personas que le drenan	Cómo puede limitar su impacto

21. ¿Dónde pasa su tiempo?

Medimos lo que valoramos. Usted valora su tiempo. ¿Pasa tiempo suficiente con su gente importante y enseñable? Considere los cambios que desea hacer en las áreas donde usted pasa su tiempo. Considere el porcentaje de su tiempo gastado en cada una de las siguientes áreas y los cambios que le gustaría hacer.

	Cambio deseado
Tiempo para usted	
%	
Tiempo con personas importantes	
%	
Tiempo con personas que aprenden	
%	
Tiempo con las personas que lo drenan	
%	
Otros	
%	

En oración, pídale a **Dios** que le ayude a definir lo mejor que ha aprendido a través de los pasos "**Invertir Sus fortalezas**". ¿Qué cambios le gustaría hacer como resultado? ¿**Cómo se relaciona esto con sus objetivos de coaching?**

Lo Mejor que Aprendí	Cambio o Acciones Deseadas

- Para su Coach, incluya este resumen en su panel de progreso y envíelo a su coach antes de su próxima sesión de coaching.

E. *Roles Para Sus Fortalezas*

Refiérase a la sección sobre roles en el libro Taller de Fortalerzas.
Los roles mal definidos son una causa clave de estrés, ineficacia y vidas sobrecargadas. Los roles claramente definidos no sólo mejoran la efectividad personal y de equipo, sino que también contribuyen en gran medida a las relaciones saludables y el bienestar personal.

23. ¿Qué rol desempeñará usted?

El diagrama adjunto ilustra las siguientes seis preguntas o pasos que le ayudarán a escribir descripciones claras de roles. Para mejorar la efectividad utilice este procedimiento para definir las funciones en el trabajo, personal, familiar y ministerial. Utilícelo para comunicar sus roles y los roles de sus personas importantes.

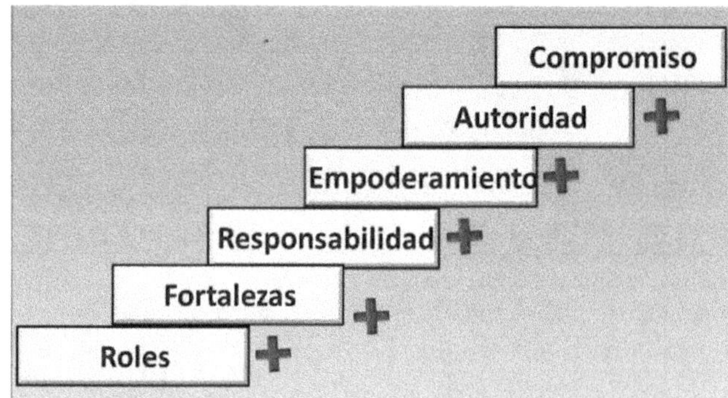

Con cierta creatividad, en todas sus interacciones y responsabilidades, use este procedimiento para definir sus roles. Si se le invita a una reunión, o se une a un equipo de proyectos o incluso si asiste a un evento de la comunidad, siempre pregúntese, "¿Qué rol espero desempeñar?"

Los roles que usted busca desempeñar deben utilizar sus fortalezas existentes para maximizar el beneficio y también para desarrollar sus fortalezas dadas por Dios

A. ¿Cómo llama a este rol?

B. ¿Cuál de sus principales fortalezas utilizará en este rol? ¿Qué nuevas competencias necesita obtener para ayudarle en este rol?

C. ¿Cuál es su principal responsabilidad y metas relacionadas?

Dentro de ése es o responsabilidad qué es usted responsable y qué puede usted influenciar?

D. **¿Cómo está facultado para desempeñar este rol? Incluya recursos y tiempo (vea el ejercicio 27)**

     Proceso y Herramientas para el Coaching de Fortalezas

E. **¿Quién le da la autoridad para desempeñar este rol?**

F. **¿Cómo va a hacerse responsable al desempeñar este rol?**

Nota: Relacione sus pensamientos con el paso "F: Plan del Proyecto"

24. ¿Qué factores influirán en sus roles?

Hay factores positivos que mejorarán su capacidad de desempeñar sus roles. También habrá factores negativos que pueden dificultar su capacidad para desempeñar sus roles. En la siguiente tabla, enumere:

- Los factores positivos y cómo puede aprovecharlos para obtener ventaja
- Los factores negativos y cómo puede mitigarlos

Factores Positivos	Cómo los apalancaré

Factores Negativos	Cómo voy a mitigarlos

25. ¿Qué Fortalezas trae su gente?

En relación con este rol específico, descubra las fortalezas de su gente importante hará maravillas a cómo usted aprecia, comunica y colabora con uno a. Utilice el mismo proceso y las herramientas que utilizó para descubrir las fortalezas más bajas y menores. **(Vea los pasos 3 y 4)** La diferencia es que al leer la descripción de cada uno de los 34 temas de las Fortalezas, debe identificar qué tema describe mejor a una persona importante. Una vez que identifique las fortalezas de su persona importante, lea la descripción utilizando adjetivos o declaraciones que mejor la describen. También trate de identificar posibles fortalezas. Utilice la siguiente lista para escribir su descubrimiento.

Nombre	Adjetivos o términos que describen a mi persona importante	Posibles Fortalezas

Nota: Comparta su descubrimiento con su persona importante. Esto puede ser más reafirmante. **No se decepcione si él/ella no está de acuerdo con su descubrimiento**. Anímelos a tomar la StrengthsFinder2.0.

26. ¿Cómo ellos lo complementana usted?

La siguiente tabla se basa en los Cuatro Dominios Gallup de las Fortalezas.

Ejecutante	Influente	Relaciones	Estratégico
Consistente	Activador	Adaptabilidad	Analítico
Coordinador	Auto Confianza	Afinidad	Aprendedor
Creencia	Competitivo	Armonía	Coleccionador
Deliberativo	Comunicación	Conexión	Contexto
Disciplina	Mando	Desarrollador	Estratégico
Enfoque	Maximizador	Empatía	Futurista
Logrador	Significación	Inclusion	Idear
Responsabilidad	Sociable	Individualizacion	Intelccion
Restaurador		Positivo	

> 📖 Refiérase a la descripción en el Apéndice del libro Taller de Fortalezas.

Considere su persona importante:

- En la cuadrícula anterior, compare sus fortalezas con las de su persona importante, colocando iniciales apropiadas junto a las fortalezas.

- Considere un área en la que comparta un propósito o una visión común.

- Discuta cómo sus fortalezas **pueden desempeñar roles complementarios y resuma sus observaciones a continuación.**

---

27. ¿Qué aprendió y qué hará?

En oración, pídale a Dios que le ayude a definir lo mejor que ha aprendido a través de los pasos de **"Roles para sus Fortalezas"**. ¿Qué cambios le gustaría hacer cómo resultado? **¿Cómo se relaciona esto con sus objetivos de coaching?**

Lo Mejor que Aprendí	Cambio o Acciones Deseadas

- **Para su Coach,** incluya este resumen en su panel de progreso y envíelo a su coach antes de su próxima sesión de coaching.

F. *Planes de Vida*

El cambio nunca sucede sin un plan. Nuestro libro, *Planes de Vida*, ofrece más de 20 planes diferentes que puede utilizar para lograr cambios en varios aspectos de su vida. En nuestra Tienda electrónica puede obtener una copia de este libro. **Vea** http://estore.strengthsworkshop.ca/product/lp-ebook.

Existen dos enfoques para lograr cambios saludables en la vida:

- Cambios en la rutina operativa o hábitos de comportamiento tales como irse a la cama antes, comer menos comida basura, dar un paseo cada día ...

- Cambios orientados a proyectos que tienen objetivos y metas predefinidas como ahorrar para un automóvil nuevo, perder 15 libras ..

Ejercite lo que ha aprendido hasta ahora que se aplica mejor a proyectos nuevos o existentes. Los proyectos tienen objetivos, metas y estructuras bien definidas. Dependen del tiempo y tienen un principio y un final. Ellos le ofrecen la oportunidad de colaborar con otros que complementen sus fortalezas.

Por naturaleza, los proyectos tienen limitaciones y requieren un plan. Los **Los diagramas de Rompecabezas** adjuntos ponen de relieve la interdependencia de cada una de estas restricciones. Utilizandoo las siguientes preguntas cree proyecto de plan donde se pueda comunicar, aplicar y hacer crecer sus fortalezas.

Considere un **proyecto simple a corto plazo** que responda a sus pasiones e impacte en sus **roles y relaciones de apoyo**. Esto le dará la capacidad de encontrar oportunidades donde usted pueda desarrollar sus fortalezas y mejorar sus relaciones. Más adelante puede aplicar lo que ha aprendido a proyectos, roles y relaciones más complicados.

28. ¿Cuál es el alcance del proyecto?

Las siguientes preguntas sobre el alcance del proyecto le ayudan a entender, comunicarse y acordar el propósito, el valor y los resultados del proyecto.

A. ¿Cómo llama a este proyecto?

B. **¿Cuál es la visión y propósito del proyecto?**

C. **¿Quiénes son las personas que serán impactadas por este proyecto?**

D. **¿Cuáles son los objetivos o resultados esperados de este proyecto?**

29. ¿Qué recursos necesita?

Los recursos son la parte de empoderamiento de su rol en este proyecto.
Cada proyecto necesita una mezcla diversa de recursos financieros y
materiales, así como de capital humano. El capital humano se refleja en la
adecuada **fortaleza del equipo (Talentos X conocimientos,
habilidades y experiencia)** y la inversión de tiempo esperado. Utilice las
siguientes preguntas para ayudarle a pintar una imagen de los recursos
necesarios:

A. **¿Qué finanzas, materiales y herramientas son necesarias para
este proyecto?**

B. **¿Qué roles y cuánto tiempo se necesita para cada rol?**

   Proceso y Herramientas para el Coaching de Fortalezas

30. ¿Qué cualidad y riesgos tiene que considerar?

Hay riesgos asociados con cualquier cambio y cada proyecto. Tener el nivel de detalle adecuado reduce los riesgos del proyecto. Pero los excesivos controles de calidad y detalles administrativos resultan en costos onerosos.

Si bien algunos proyectos por su naturaleza requieren un 100% de precisión y controles de calidad, el **principio de Pareto**, sugiere que el 80% de los beneficios de calidad pueden lograrse a través del 20% de los elementos más críticos del proyecto. 80% de los riesgos se pueden evitar con un 20% de los controles necesarios. Para reducir los costos siempre busque la sencillez.

¿Cuáles son las cualidades y los factores de riesgo que usted necesita considerar?

31. ¿Cuáles son los plazos del proyecto?

Los plazos de tiempo del proyecto lo llevan más cerca de los pasos y tareas requeridas para entregar los resultados y beneficios necesarios del proyecto. Aquí examinamos el **tiempo transcurrido** o el tiempo entre el inicio del proyecto y cuando termina. Aquí también debemos examinar el tiempo necesario para las **diversas estructuras de desglose del trabajo** y las tareas relacionadas. Las estructuras de desglose del trabajo responden a una pregunta clave: "¿Cuáles son las partes principales del proyecto, cómo se relacionan entre sí o cómo dependen una de la otra". La tabla a continuación a veces se denomina gráfico de Gantt.

DED T N°	HITO Tarea o Acción	Roles clave / Recursos	Fecha de Inicio	Fecha Final
A- I				
2				
3				
4				
5				
5				
B-6				
7				
8				
9				
I0				
C-I I				
I2				
I3				

32. ¿Qué aprendió y qué hará?

En oración, pídale a **Dios** que le ayude a definir lo mejor que ha aprendido a través de los pasos del "**Plan de Acción**". ¿Qué cambios le gustaría hacer cómo resultado? **¿Cómo se relaciona esto con sus objetivos de coaching?**

Lo mejor que Aprendí	Cambio o Acciones Deseadas

- **Para su Coach**, incluya este resumen en su panel de progreso y envíelo a su coach antes de su próxima sesión de coaching.

Yendo a lo más Profundo, ¿Qué dicen los coaches acerca de sus fortalezas?

Vaya a http://estore.strengthsworkshop.ca/welcome/gd. Encontrará seminarios web ofrecidos por los principales coaches y científicos para cada fortaleza. Registre cualquier información adicional que obtenga sobre su comprensión y aplicación de sus fortalezas.

Fortalezas	Percepciones

En http://integrity-plus.com/SM/Notes/TST.xlsx puede descargar un programa de MS Excel que le da un diagrama circular de sus fortalezas basado **la prioridad de Cuatro Fortalezas de los Dominios de sus 5 principales fortalezas**. PRIMERO LEA la página de instrucciones. Introduzca sus datos y examine la imagen circular..

- ¿Qué le dice esta imagen circular?

- ¿Cómo se refleja esto en sus roles actuales?

Esta simple herramienta puede ser una herramienta de comunicación muy eficaz. Puede usarla para ilustrar las fortalezas de su gente importante. Ir más lejos y entrar en las fortalezas de los miembros de su equipo en una página de grupo.

- ¿Qué le dice esto sobre las fortalezas de su grupo?

- ¿Cómo se relacionan las fortalezas de su grupo con el propósito y los objetivos de su equipo?

- ¿Ve oportunidades de cambio o mejoras?

Esta es su oportunidad para ser un campeón de fortalezas en su organización. Saque ventaja. Entrene a alguien. El impacto que puede tener es mayor de lo que jamás se imaginó.

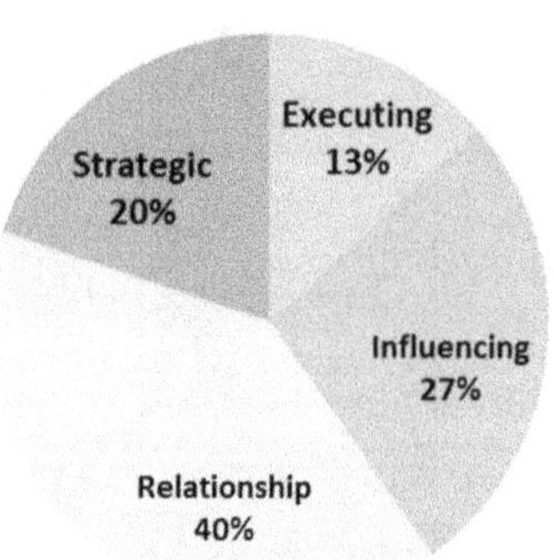

- Anote cualquier pensamiento y observación que desee compartir con su coach o con su equipo

DESARROLLAR UNA PRÁCTICA DE COACHING DE FORTALEZAS

En pocas palabras, el coaching es una persona que ayuda a otra a descubrir cómo puede lograr el cambio deseado. En términos bíblicos, el coaching es una de las maneras en que aplicamos el mandato de Cristo en Mateo 28: **"Ve y haz discípulos"**. Pagados o no pagados todos somos llamados a ir a hacer discípulos. Todos estamos llamados a entrenar.

En su libro "El Arte Perdido de la Mentoría", Ted Enstrom, líder de renombre, dice: "Todo el mundo necesita un Pablo y todos deben tener a Timoteo". El Dr. Al Winsman de Gallup lo expresan con diferentes palabras diciendo: *"Todo el mundo necesita un coach y cada uno puede entrenar"*. En su corazón esta afirmación es totalmente cierta, pero para sobresalir en el desarrollo de una práctica de coaching depende de la identificación de su **ajuste como coach o punto ideal**. En el Coaching Centrado en Cristo nos asociamos con el espíritu de Cristo para identificar este ajuste o punto dulce.

Si siente el llamado de Jesús a invertir en relaciones de discipulado centradas y disciplinadas, debe considerar el coaching. **Pagado o no pagado**, el coaching es una oportunidad para que sea un buen mayordomo de sus fortalezas dadas por Dios. En el coaching de Fortalezas usa sus fortalezas dadas por Dios para ayudar a otra persona a descubrir sus fortalezas y aplicarlas para lograr un cambio saludable deseado en roles y / o relaciones.

Sí, todos pueden entrenar. Con algo de práctica puede encontrar su ajuste correcto. Usted puede sobresalir como coach de Fortalezas si::

- Usted es intencional en el crecimiento y el desarrollo de sus propias fortalezas
- Usted está interesado en utilizar su comprensión de sus propios talentos para ayudar a otros en su viaje por la vida
- Usted tiene en claro la comprensión del tipo de necesidades del cliente que usted puede servir
- Es probable que esté organizado y comprometido a invertir tiempo para interactuar con personas acerca de sus fortalezas
- Usted es capaz de ver lo bueno en otros
- Usted está genuinamente interesado y cómodo interactuando con personas a las que no conoce bien

- Usted es buen oyente, no sólo de las palabras habladas sino también y más importante del tono y el lenguaje del cuerpo

- Usted está dispuesto a construir relaciones cálidas y poner a la gente a gusto

- Usted es curioso haciendo preguntas que ayudan a las personas a descubrir respuestas a sus propios desafíos
Si usted se ve en muchas de las anteriores afirmaciones es probable que usted sea una persona que:

- obtiene satisfacción al invertir en otros y verlos crecer

- encuentra placer en ayudar a las personas a capitalizar lo que hacen bien

- tiene la admiración de los demás y los desafía a preguntarle sobre su proceso de descubrimiento

- proporciona un modelo de lo que es posible para otros que pueden convertirse en sus clientes o discípulos

- puede encontrar indicadores de un posible ajuste con un cliente potencial o con discípulos si los busca en oración.

Si ese es usted, las siguientes preguntas de discusión son para usted. Están diseñadas para ayudarle a considerar el desarrollo de una práctica de coaching intencional. Éstas siguen los pensamientos presentados en el folleto Coaching Centrados en Cristo y siguen la misma estructura presentada en el siguiente diagrama. Vea
http://estore.strengthsworkshop.ca/product/coach-2.

El Coach

¿Cuáles son sus fortalezas?

Conocer sus fortalezas es el primer paso para desarrollar su práctica de coaching. Empiece practicando lo que predica. Siga el proceso de seis pasos de fortalezas. Una vez completado, resuma el ejercicio "**Hábleme sobre usted mismo**".

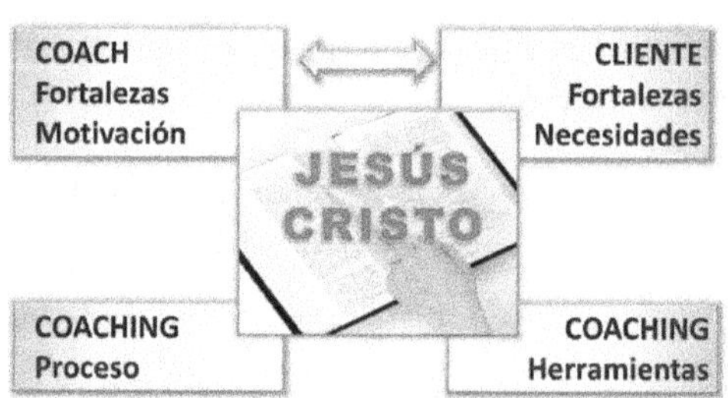

En pocas frases cortas que refleje cómo este proceso le ha ayudado a conocer sus fortalezas y cómo lo está llevando a una práctica de coaching. En otras palabras, si se le acercó alguien que podría ser su cliente de coaching ¿qué diría usted en respuesta a "cuénteme acerca de usted mismo"?

El hecho de que conoce sus fortalezas le ayudará a:

- entender el tipo de necesidades del cliente que usted puede servir
- ganar la admiración de los demás y desafiarlos a preguntarle sobre su proceso de descubrimiento
- proporcionar un modelo de lo que es posible para otros que puedan convertirse en sus clientes
- ver indicadores de un posible ajuste con un potencial cliente

Con su práctica de coaching en mente, en el espacio de abajo comience a escribir su respuesta a **"Hábleme de usted mismo."**

¿En qué usted es diferente de otros coaches?

En respuesta a la creciente demanda, la industria del coaching se ha multiplicado. Hay una variedad de organizaciones de coaching para entrenar y vender herramientas de coaching. El valor de tales relaciones debe examinarse a la luz de su visión, pero lo más importante es el tipo de clientes que usted busca servir.

Al igual que en otras profesiones, el **éxito depende de tener el ajuste adecuado** y la capacidad de diferenciarse en la mente de un grupo específico de clientes. Este es un proceso en evolución.

Con su práctica de coaching en mente piense en los clientes que desea entrenar, ¿que les hace diferente a su vista? Podría ser: sus talentos, sus valores, sus conocimientos, sus habilidades, su experiencia, o incluso sus **honorarios** más bajos ... En el espacio abajo, empiece a escribir algunos puntos.

Proceso y Herramientas para el Coaching de Fortalezas

¿Cuáles son sus motivaciones?

Todo comienza con un sueño o una necesidad que le motiva. En otras palabras, ¿Por qué quiere entrenar? Cómo ve su práctica de coaching en 2-3 años a partir de hoy. Resalte los impulsos básicos para su visión. Imagínese compartiendo esto con su gente importante y enseñable.

Como en cualquier otra profesión, una práctica de coaching tiene inversiones iniciales y costos continuos. Es fundamental que articule las recompensas esperadas y los posibles costos, incluyendo **material, finanzas, tiempo ...**

Sueños y Motivadores	Costos

¿Cuáles son sus objetivos?

Los objetivos agregan estructura a sus sueños y presentan soluciones
que responden a sus necesidades. Los objetivos son declaraciones de fe
de lo que le gustaría que sucediera en un futuro. Considere los
próximos 12 meses. En el espacio debajo haga una lista de tres objetivos
clave y por qué son importantes para usted. Si su motivación es
financiera, anote el ingreso mínimo y máximo deseado a la luz de sus
costos proyectados.

Objetivos de Coaching Priorizados	Por qué son importantes

¿Qué roles quiere desempeñar?

Ser claro en los roles de coaching que desea desempeñar es un factor de éxito crítico. Como coach puede desempeñar el rol de un asesor, un oyente, una tabla de resonancia, un catalizador, un visionario, un solucionador de problemas, un punto de responsabilidad ... Tener roles claros es fundamental para encontrar el mejor ajuste para los clientes que desea entrenar. Debajo, priorice y describa 3-4 roles que le gustaría desempeñar.

Rol	Descripción (75 palabras o menos)

¿Cómo describe a su cliente ideal?

Los Coaches en Fortalezas ayudan a los clientes a entender, poseer y aplicar sus fortalezas para lograr el cambio de vida deseado. El diagrama siguiente ilustra que el cambio es el resultado de un proceso de pensamiento y propiedad.

Aunque que el cliente puede estar interesado en la **idea** de cambio, debe adquirir el **deseo** de cambiar antes de que pueda tener cualquier relación de coaching. El cambio siempre tiene un precio. El cliente debe estar **dispuesto** a pagar el precio del cambio antes que pueda seguir adelante con una relación de coaching. Como coach, usted indicará que a veces los factores culturales, financieros u otros pueden dificultar o eludir la **capacidad** del cliente para cambiar.

Como coach usted necesita ayudar a su cliente a negociar los obstáculos que él o ella puede encontrar en el movimiento a través de los pasos anteriores. A veces el cliente puede ser desafiado a adquirir el deseo o la voluntad de cambiar porque él o ella no ha identificado necesidades claras. En tal caso, la herramienta **"cómo está"** es un buen primer paso para satisfacer las necesidades. En otros puntos puede encontrar el ejercicio de desarrollar una visión o un sueño para ser un primer paso bueno y útil. Otras opciones pueden incluir una conversación alrededor de valores o roles básicos y sus ejercicios relacionados. **Todas estas conversaciones pueden ser introductorias para involucrarse en una relación de coaching en Fortalezas.**

El ajuste es crítico. Una vez que la necesidad y los objetivos del coaching están definidos, su rol es sostener la responsabilidad de avanzar o desvincularse de la relación de coaching. Es altamente recomendable y profesional comunicar claramente su ajuste a las necesidades de su cliente. Discernir este ajuste puede comenzar comparando la necesidad del cliente con sus áreas de conocimiento, habilidades y / o experiencia. El estilo de coaching, la proximidad y la disponibilidad son también factores que pueden ayudar a definir el ajuste de su cliente.

En el espacio debajo enumere los puntos clave que describen a los clientes que podrían encajar en su punto ideal como coach

Las Herramientas

El coaching se conoce como una práctica profesional. En esta práctica todos estamos aprendiendo, nos estamos desarrollando y estamos creciendo. Las herramientas proporcionadas en este suplemento le proporcionan un buen punto de partida. A medida que crece en su práctica, usted las modificará y las mezclará con su propio estilo y las necesidades específicas de sus clientes en el punto ideal. La realidad es que, al igual que usted es único, cada cliente es único. El resultado es que nunca habrá una herramienta perfecta.

Si bien le animamos a modificar estas herramientas y adquirir nuevas herramientas, le aconsejamos en conta el riesgo de una caja de herramientas sobrecargada. Aprender el uso efectivo de las herramientas requiere tiempo. Tener demasiadas herramientas tiene un alto costo en tiempo y puede agregar complejidad y gastos administrativos que usted no puede afrontar.

El Proceso

Hay dos procesos a los que podemos hacer referencia aquí. El primer proceso consiste en encontrar los clientes adecuados. Esto se llama a menudo **"proceso de desarrollo de negocios"** o **"proceso de desarrollo de clientes"**. El segundo es la entrega de servicios o el proceso de coaching.

¿Cuál es el proceso de desarrollo de su cliente?

Encontrar a los clientes adecuados a menudo es uno de los desafíos que enfrentan muchos coaches. Los coaches a menudo son reacios o incapaces de promover su práctica. Hay varios pasos que usted necesita considerar al construir su práctica de coach:

1. **Exposición:** Es fundamental que comience por dejar que la gente sepa de su interés, conocimiento y competencia en un tema o cuestión específico que tiene un amplio atractivo o responde a una necesidad real generalizada. Para exponerse usted puede considerar:

- Escribir y hablar sobre vidas sobrecargadas, fortalezas, roles ...

- Redes y plataformas de medios sociales

- Referencias de pastores u otros profesionales

- Tener un "gancho" formulando buenas preguntas inductivas, por ejemplo:

  - Hábleme de usted mismo

  - ¿Por qué es que la mayoría de la gente no ama su trabajo?

  - ¿Cómo describe sus fortalezas?

  - ¿Qué le gusta hacer?

  - ¿Qué cambios le gustaría ver en sus roles o relaciones?

¿Qué herramientas o estrategias para exponerse puede usar?

2. **Conexión:** Para establecer una conexión con posibles clientes usted necesita ofrecer una oportunidad de bajo riesgo para exponerse de cómo puede ser de ayuda. Esto puede tomar la forma de:

- Un libro en blanco gratuito sobre un tema relacionado

- Una encuesta de evaluación gratuita

- Un seminario de bajo costo como el video del seminario taller de fortalezas.

- Un compromiso de coaching de un grupo de bajo costo, como el Taller de Fortalezas, experiencia de seis semanas en grupos pequeños

- Una sesión introductoria gratis de coaching

 Proceso y Herramientas para el Coaching de Fortalezas

¿Qué herramientas o estrategias de conexión puede utilizar?

Nota: No deje que el material gratis devaluen sus servicios.

3. **Selección**: El proceso de selección es aquel en que usted y el cliente trabajan juntos para asegurarse que hay un ajuste para una relación de coaching creíble. Esto a menudo se hace a través de la fase de iniciación. Los ejercicios de descubrimiento son buenas herramientas de partida. En Coaching de Fortalezas la iniciación incluye:

   - Tomar la evaluación StrengthsFinder2.0

   - Proporcionar al cliente una copia de este suplemento

   - Ayudar al cliente a definir la cantidad de tiempo que está dispuesto a comprometerse con ese plan

   - Completar el acuerdo de coaching

¿Qué herramientas o estrategias de selección puede utilizar?

Taller de Fortalezas para el desarrollo del cliente

Durante los últimos años hemos ofrecido el Taller de Fortalezas en sesiones de medio día y día completo a grupos de diferentes tamaños, de diferentes culturas, equipos misioneros y ministerios. Al final de cada sesión del taller siempre pedimos una evaluación y comentarios. Además, también pedimos a los participantes que indiquen si estarían interesados en actividades de seguimiento en forma **de coaching individual o como parte de un grupo pequeño orientado a la aplicación**. Nos complace informarle que en promedio alrededor del 50% de los participantes señalaron tener interés en algún tipo de seguimiento. Basándonos en esta experiencia, sugerimos que el Taller de Fortalezas ofrece un excelente proceso de participación del cliente. Como se ilustra en el diagrama adjunto, este proceso le permite comprometerse con los clientes basándose en sus propias necesidades y disponibilidad de tiempo.

- **El Taller de Fortalezas: En vivo o en video alrededor de 5 horas:** Live or video about 5 hours http://integrity-plus.com/wp/sms/sws/

- **Las Fortalezas para Grupos Pequeños:** Seis sesiones de 90 minutos http://integrity-plus.com/wp/sms/sgs/

- **Estudio Personal de Fortalezas:** Ritmo del cliente http://integrity-plus.com/wp/sms/ps-s/

- **Coaching de Fortalezass:** el formato puede ser un buen servicio y herramienta de conexión. http://integrity-plus.com/wp/sms/coaching-sp/

Proyecto de Desarrollo del Cliente

El desarrollo del cliente es un proyecto. Utilice la estructura delineada en el paso seis para desarrollar la suya propia. Esta es su oportunidad de ejercitar sus talentos una vez más.

El Proceso de Coaching

El diagrama adjunto ilustra un proceso de coaching genérico que describimos en el manual de Coaching Centrado en Cristo. Este diagrama también ilustra el proceso **I G R O W** que se utiliza para dirigir cada conversación de coaching y la plantilla relacionada del panel de progreso al cual nos referimos en otras partes de este documento.

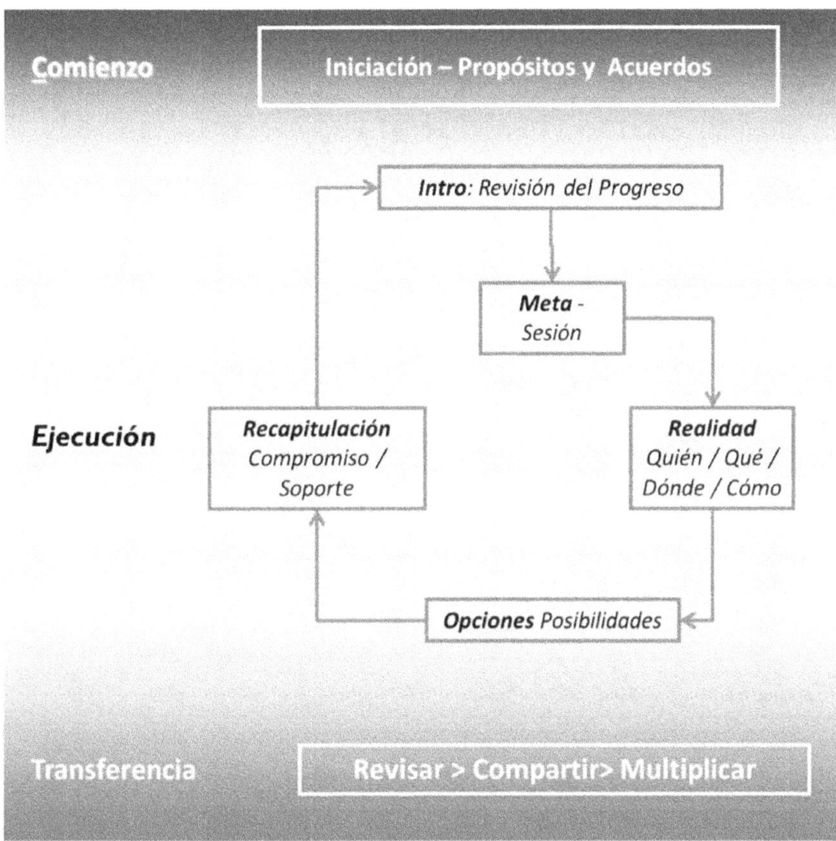

¿Necesita un acuerdo de coaching?

Escrito o no, usted tiene que tener un acuerdo de coaching. Este no necesita ser complicado. El siguiente es un ejemplo de un simple acuerdo de coaching

El propósito de nuestra relación de coaching es ayudarles a conocer y comunicar sus fortalezas con autenticidad e invertir sus fortalezas en roles donde puedan crecer y ser más eficaces.

A. **Términos, Progreso:**

1. **Términos:** En la medida de lo posible esta relación de coaching se establecerá en 12 a 24 semanas.

2. **Progreso**: Se monitoreará el progreso usando un **Panel de Progreso** modificado y las **puntuaciones de efectividad de la sesión**. Si cualquiera de las partes creyera que el coaching es ineficaz, este acuerdo se puede terminar.

3. **Confidencialidad:** Para proteger la confidencialidad y confiaza el cliente es responsable de comunicar los términos y el progreso de esta relación de coaching, según sea necesario.

4. **Ninguna responsabilidad legal o personal es proporcionada o asumida por parte del coach.**

5. **Cuándo, dónde y cómo:**

Frequencia Con qué frecuencia:		Cuando Día/ Hora		Formato Por Telefono / En Persona	

B. **Honorarios:**

- Como nuestro cliente, para obtener los beneficios esperados, es importante que usted invierta en este proceso de coaching.

- **Nuestros honorarios para usted** se basarán en su capacidad o deseo de donar a nuestros **proyectos de Ministerio en América Latina. Son donaciones deducibles de los impuestos**

- Nuestras honorarios normales para nuestros clientes comerciales están enumerados en nuestro sitio web http://www.integrity-plus.com/wp/resources/fees/

- Tarifa acordada $ __________ por hora

Acordado por el coach: Baha Habashy en

Acordado por el cliente: Añadir nombre del cliente en

Fecha: *Fecha:*

Usted puede ser un coach de Fortalezas.

Como resumen, este es un suplemento de Coaching Centrado en Cristo disponible en http://estore.strengthsworkshop.ca/product/coach2-sp .

Recuerde:

- Usted tiene que ser fiel en vivir y hacer crecer sus propias fortalezas. La honestidad y la autenticidad es la piedra angular de cualquier relación de coaching personal.

- El Proceso de Coaching de Fortalezas le proporciona un modelo para una relación de coaching enfocada.

- Su cliente tiene que definir los objetivos del coaching. Su rol es controlar el proceso hacia el logro de los objetivos.

- El modelo I G R O W y el panel de progreso dirigirán cada conversación de coaching. Para asegurarse que cada conversación de coaching lo acercan a alcanzar los objetivos de coaching, su cliente le proporciona la meta de cada sesión de coaching. Esto debe relacionarse con los objetivos del coaching.

- Desarrollar su habilidad de coaching depende de **escuchar con eficacia** y **hacer buenas preguntas**. A medida que invierte en el desarrollo de estas habilidades le servirán bien en todos los aspectos de su vida.

- Vuelváse un estudiante de las fortalezas profundizando en la comprensión de las fortalezas de su cliente.

- Los videos en http://estore.strengthsworkshop.ca/welcome/gd son una gran herramienta para mejorar su comprensión de cada tema de Fortaleza

- Familiarícese con cada uno de los ejercicios proporcionados en el proceso. Vaya a través de ellos para usted

- Su objetivo es ayudar a su cliente a desarrollar y ejecutar un plan realista de Coaching de Fortalezas utilizando los seis pasos proporcionados en el suplemento. **Vea la introducción.**

- Usted tiene que ayudar a su cliente a ver que él debe comprometerse a pasar **2-4 horas por semana**. Esto debería:
  - Permitir que él o ella hacer tantos ejercicios como sea posible cada semana..

- o Reunirse con usted **semanalmente o bi semanalmente** 30-90 minutos..

- Usted y su cliente deben priorizar los roles importantes que pueden desempeñar en este proceso. Por ejemplo, usted puede desempeñar el rol de **animador, fuente de responsabilidad, Catalizador, Tablero de Resonancia ...**

- A medida que crece su práctica, su caja de herramientas de coaching eficaz evoluciona para responder a las necesidades de su cliente, así como a su punto ideal de coaching. Las preguntas de coaching en este suplemento son sus puntos de partida.

- Siempre anime a su cliente a compartir con los demás lo que él o ella está aprendiendo. Esto hará maravillas para el desarrollode ellos.

- Alrededor del punto medio, aliente a su cliente a considerar el coaching de otra persona.

- Para ayudarle en su proceso de coaching en http://integrity-plus.com/Data/Templates/CoachingProfile-s.docx puede descargar un documento de perfil de cliente de ejemplo. Este documento le ayudará a capturar los elementos de perfil de cliente más críticos. Utilice el panel de progreso para registrar notas de cada conversación de coaching.

Otros Recursos

Para coaches que deseen aprender más, hay muchos autores sobresalientes sobre el tema del coaching. Sus libros ofrecen metodologías, herramientas y plantillas útiles. Éstos son algunos de los que utilizamos recientemente:

- Jane Creswell, *Coaching Centrado en Cristo*. St. Louis, MI: Chalice Press, 2006.
- Downey, Myles. *Entrenamiento Eficaz: Lecciones del Coach al Coach*. South Melbourne, Australia: Cengage Learning, 2003.
- Stoltzfus, Tony. *Preguntas de Coaching: Guía de un Coach para las Habilidades de hacer Preguntas Poderosas*. Virginia Beach, VA: Tony Stoltzfus, 2008.
- Stoltzfus, Tony. *Coaching de Liderazgo: LAS Disciplinas, Habilidades y el Corazón de un Coach Cristiano*. Virginia Beach, VA: Tony Stoltzfus, 2005.
- Ted W. Engstrom, *El Arte Perdido de la Mentoría*. Newburgh, IN: Trinity Press, 2000.
- Whitmore, John. *Coaching para el Desempeño: Crecimiento, Rendimiento y Propósito de la Gente*. London: Nicholas Brealey Publishing, 2004.

* Whitworth, Laura. *Coaching Coactivo: Nuevas Habilidades para Entrenar a la Gente hacia el Éxito en el Trabajo y la Vida.* Mountain View, California: Davies-Black Publishing, *1998.*
  * Vida Profesional de Coaching; Asociación Americana de Consejeros Cristianos y la Universidad Light. *http://www.aacc.net/courses/life-coaching/life_coaching_enroll/*

Uestros Libros – Nuestros Dones

Nuestros libros se han escrito para desempeñar un rol en nuestra práctica de coaching. La mayor parte de su contenido se basa en los talleres que nos comprometimos a entregar a los equipos de negocios y ministerios desde 2001. Nuestros libros son una colección de pensamientos, consejos y herramientas. Estas herramientas vienen en forma de ejercicios y plantillas de pensamiento y comunicación.

Copias impresas están disponibles en Amazon.com o en nuestra tienda electrónica. Como parte de nuestras Fortalezas del Ministerio gratuita, nos complace ofrecer a nuestros libros en formato PDF como herramientas adicionales gratis para que usted las utilice. Ver http://estore.strengthsworkshop.ca/?page_id=404

PLANES DE VIDA
Diseñe Mejor Su Futuro
Usando el modelo de construcción de una casa este libro contiene una colección de 22 planes relativos a la mayoría de los aspectos de la vida personal y laboral.
ISBN : 978-0-9736493-5-2

TALLER DE FORTALEZAS
Haga Crecer sus Fortalezas y Viva Sus llamamientos
Rústica ISBN 978-0-9736493-2-1
Hojee el libro en amazon.com
Edición Electrónica en formato PDF ISBN 978-0-9736493-1-4
Disponible en www.nomoreoverload.com

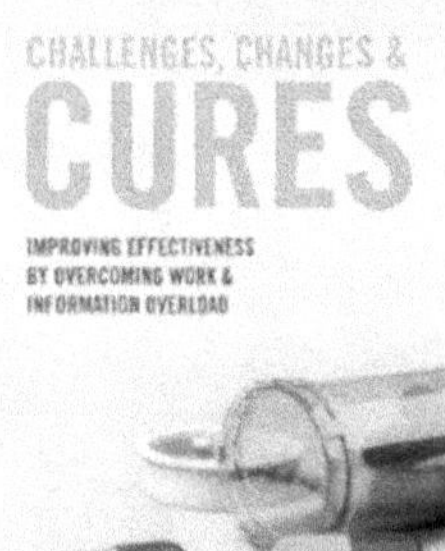

CHALLENGES, CHANGES & CURES (DESAFÍOS, CAMBIOS Y CURAS)
Rústica ISBN 978-0-9736493-4-5
Hojee el libro en amazon.com
Edición Electrónica en formato PDF ISBN 978-0-9736493-3-8

Otros Recursos:

Para los Coaches que desean aprender más, hay muchos destacados autores sobre el tema de Coaching. Sus libros ofrecen metodologías, herramientas y plantillas útiles. Aquí están algunos que utilizamos recientemente:

- Jane Creswell, **Christ-Centered Coaching Coaching Centrado en Cristo:** St. Louis, MI, Chalice Press.

- Downey, Myles. ***Coaching Eficaz:*** *Lecciones del Coach de los Coaches.* South Melbourne, Australia: Cengage Learning, 2003.

- Stoltzfus, Tony. ***Coaching Questions:*** *A Coach's Guide to Powerful Asking Skills.* Virginia Beach, VA: Tony>   Stoltzfus, 2008.

- Stoltzfus, Tony. ***Leadership Coaching****: The Disciplines, Skills and Heart of a Christian Coach.* Virginia Beach,   VA: Tony Stoltzfus, 2005.

- Ted W. Engstram, ***The Lost Art Of Mentoring****:* Newburgh, IN, Trinity Press, 2000 Whitmore, John. ***Coaching for Performance****: Growing People, Performance and Purpose.* London: Nicholas   Brealey Publishing, 2004.

- Whitworth, Laura. ***Co-Active Coaching****: New Skills for Coaching People Toward Success in Work and Life:*   *Davis-Black Publishing 1998.*

- *Coaching en la Vida Profesional; Light University.*

http://www.aacc.net/courses/life-coaching/life_coaching_enroll/

NOTAS FINALES

[1] True story modified for illustration

[2] Myles Downey, *Effective Coaching: Lessons from the Coaches 'Coach* (South Melbourne, Australia: Cengage Learning, 2003), 59.

[3] Tony Stoltzfus, *Coaching Questions: A Coach's Guide to Powerful Asking Skills* (Virginia Beach, VA: Tony Stoltzfus, 2008), 7.

[4] Gary D. Chapman, *The Five Love Languages: How to Express Heartfelt Commitment to Your Mate* (Chicago: Northfield Publishing 1995).

COME MEET OUR FRIENDS

Written By Fikrte Bushell

Illustrated By Neel Solanki

To my nephews

Ryan and Josiah

On one special Saturday morning, Ryan and Josiah ran to Aunty Edna's bed and woke her up in excitement. "Aunty! Wake up! Wake up! It's our BIG birthday party today! All our friends are coming soon, come meet our friends."

Aunty Edna stumbled out of bed and nearly tripped over her shoes. Oh No! Josiah and Ryan caught her just in time, and took Aunty to the front door to welcome and introduce their friends.

Aunty Edna, Ryan, and Josiah stood at the front door waiting for their friends. Ryan started jumping up and down in excitement. "Touma is here! Touma is here! Aunty, this is Touma, Touma is from China, where pandas are from, just like in my favourite movie 'Kung Fu Panda.' Pow Pow Pow!" Ryan shows Aunty his Kung Fu moves.

"I want to see the pandas in China too!" Said Josiah in excitement. "We have thousands of pandas there, so you better learn how to say hello to them," Touma said. "Ok, how do you say hello?" asked Ryan

"Ni hao mah," Touma answered. Both Ryan and Josiah jump up and down saying, "Ni hao mah Panda, Ni hao Mah." Touma goes inside the house while they continue to wait for their next friends.

While they are patiently waiting, a little boy rides his bike to the front door. Josiah gives the little boy a high five and introduces him to Aunty Edna. "This is Eyob, Eyob is from Africa, where the pyramids and the mummies are."

Ryan nods and says, "and the lions, the elephants and the tigers!" Aunty says to the boys, "You are both right. But Africa is a continent, there are many countries in Africa; like Nigeria, Malawi, Egypt and many many more. Eyob, where in Africa are you from?"

"I'm from Ethiopia," Eyob replied.
"I understand there are many languages spoken over there, which one do you speak?" Aunty Edna asks. "I speak Amharic, and if you want to say hello, it's Selam," says Eyob.
All of them say, "Selam" to Eyob, and Eyob walks into the house.

Africa
North Africa
West Africa
East Africa
Central Africa
Southern Africa

A red car pulls up at the front of the house. Josiah and Ryan jump up and down and sing, "Go Diego go! Go Diego go!"

A little boy jumps out of the car and says, "Hola! Hola! Hola!"
Ryan looks at Aunty and says, "This is my friend Diego, we have been friends since we were 2 years old."
"Yes we have," Diego says, "He was my first friend."
"Why do you sing, go Diego go?" Aunty asked.
"Because, when we go to his house our favourite show to watch is 'Go Diego go!' It's a Spanish show, and it taught me how to say hello in Spanish.

Diego's family is from Spain too," Ryan answered.
"How do you say hello?" Aunty asked.
"Hola," they all answered together, and Diego danced into the house.

"Who is that beautiful girl coming out of the car?" Aunty asked. Touma ran out of the house and yelled, "Mila is here!"

"This is Mila, Mila is from Russia and she is the smartest girl in our class," Josiah answered.

Mila smiled and said, "I know, I got five medals this year at school. Did you know Toumas country, China, and my country, Russia, are next to each other. We are neighbours!" Touma replied, "And Mila told me that Russia is the biggest country in the world." Both Ryan and Josiah look at each other and say "wow."

Then Ryan asked, "Do you think every person in the world can fit in Russia?"

Mila answered, "I don't know, but do you remember how to say hello in Russian?"

"Yes, it's Privet" Ryan answered. Both Mila and Touma walk into the house while Josiah, Aunty, and Ryan wait for their other friends.

Russia
China
Syria
Thailand

"Konichiwa, thank you for coming to our party Yuma. Aunty, Konichiwa is how you say hello in Japanese, Yuma is from Japan," said Ryan.

"Very good, Ryan" aunty replied.
"When I went to Yuma's house his older brother made us watch Pokémon, but Yuma and I like the power rangers! My favourite power is to move everything with my mind" Ryan said with excitement.

"Mine is to be invisible, so no one can see me when I move," said Yuma "Mine is super strength so I can protect people from bad people. What is your favourite power aunty?" Josiah asked

"Well, my favourite superpower is to close my eyes and take my body to anywhere in the world, in just a few seconds," Aunty replied.

Yuma walked into the house while the others waited for the rest of their friends.

SAMOA
PACIFIC OCEAN

My friend Vitiana is here, that's her dad's yellow car," Josiah said.
Vitiana gets out of the car and says hello to everyone.
"Aunty, Vitiana is from Fiji," Josiah said.
"We are going to Fiji for Christmas, and I'm going on an underwater adventure!" said Vitana with excitement.

What do you do on the adventure?" Ryan asked.
"Well, there is a colourful underwater world and you can see hundreds of fish and swim, " replied Vitana.

"Wow, can you take the fish home?" Josiah asked.
"No Silly, that's where they live, we are just going to say; "Bula," to the fish, which means hello in Fijian," Vitiana replied.
Vitiana walked inside the house to the party.

Rangi is here! Rangi is here!" Ryan yells, as a little kid dances out of a black car and says hello to everyone.

"You are a very good dancer," Aunty says.
"Rangi is the best dancer in school," remarks Ryan.
"Thank you, I have been dancing ever since I came from Samoa, when I was one," Rangi said.

"He has a dance group called Talofa," said Ryan.
"Yeh, my big brother named us Talofa, he said it means the best dancers in the world, but when I told mum, she said, no it means hello," Rangi laughed.

"It's a good dance group name, you should keep it!" Josiah said.
"Ok," Rangi said, as he danced into the party.

Yes! Nancy is here!" Josiah said in excitement.

Nancy walks to the front door and says hello to everyone.

"Hi Aunty, I'm Nancy and I'm a Gumbayniggirr girl," Nancy says.

"Very nice to meet you Nancy," Aunty compliments.

"Every month her dad comes to our school and tells us stories from the dream time, and I have a picture of the rainbow serpent in my room," Josiah said.

"The rainbow serpent created the lakes, the mountains and the rivers," Ryan said.

"Which part of Australia are you from?" Aunty asked.

"I'm from the Northern rivers of New South Wales," Nancy answered.

How do you say hello in your language?" Josiah asked.

"Ginnagay" Nancy replied.

"Ginnagay Nancy, thank you for coming to our party," Ryan said

Nancy walked into the house.

"This is Nicolette, when we finish school, she is going to take us to Disneyland in Paris," Ryan said.

"I'm going to take you on the scariest ride. It's called 'Tower of Terror," said Nicoletta

"Can't wait until Josiah and I are big. It's going to be so fun," Ryan replied. "You should learn a little bit of French so you can talk to the people in France," Aunty said.

"Ok, do you know any words, Nicoletta?" Ryan asked.
"Yes, I will teach you how to say hello. Bonjour," Nicoletta said.
Both Ryan and Josiah say, "Bonjour "

"We are waiting for Josiah's friend Fatima, and then we will come and celebrate," Ryan said, as Nicoletta walked into the house.

Disneyland
PARIS
BIENVENUE   WELCOME
The HOLLYWOOD TOWER Hotel

"I see a car coming boys! Could it be your friend Fatima?" Aunty asked.

"Yes, that's Fatima," Josiah said. Fatima walks to the front door and greets them.

"Welcome to our party Fatima. Fatima is from Dubai, in the Middle East, where they have the tallest building in the world," Josiah said.

"Yes, and we have lots of camels, you can even ride them in the desert," Fatima replied.

"I love camels, that would be so much fun," Josiah said.
"I will take you both there, do you speak Arabic Fatima?" Aunty asked.

"Yes, I know how to say hello, Marhabaan," Fatima replied.
They all say, "Marhabaan," and walk into the party

Aunty says, "Ryan and Josiah, you both have friends from around the world.

Do you remember how to say hello in your friends' languages?"

"Yes!" they both replied, and told Aunty all the different words for hello in their friends' languages.

"Well done both of you, you both are very smart! Now let's go and cut your birthday cakes," Aunty said proudly.

HAPPY BIRTHDAY